I 인생	II 인간	III 사회/문화
의미	특징/사고	정치
가치	행동	교육
경험	정서/태도	예술/여행
방향/교훈	관계	기타

반석출판사
Bansok

I 인생 | 의미

Life is a succession of moments; to live each one is to succeed.

인생은 순간의 연속이다. 매 순간을 잘 사는 것이 성공하는 것이다.

Corita Kent(예술가, 교육자)

365 | 365

Ⅲ 사회/문화 | 기타

A great writer is, so to speak, a second government in his country. And for that reason, no regime has ever loved great writers, only minor ones.

위대한 작가를 말하자면, 그의 나라에서는 제 2의 정부이다. 그렇기 때문에 어떤 정권도 별볼일 없는 작가라면 몰라도 위대한 작가를 좋아한 적이 없다.

Alexander Solzhenitsyn(작가)

I 인생 | 의미

Today's special moments are tomorrow's memories.

오늘의 특별한 순간들은
내일의 기억들이다.

Aladin(영화)

365 | 364

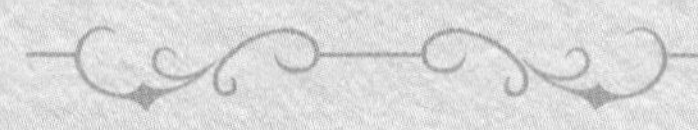

Ⅲ 사회/문화 | 기타

365 | 003

Ⅰ 인생 | 의미

Work isn't to make money; you work to justify life.

일은 돈을 벌기 위한 게 아니다. 당신의 삶을 정당화하기 위한 것이다.

Marc Chagall(화가)

Ⅲ 사회/문화 | 기타

A little fall of rain can hardly hurt me now.

비 조금 온다고 다치지 않아.

Les Miserables(영화)

365 | 004

Ⅰ 인생 | 의미

The die is cast.

주사위는 이미 던져졌다.

Julius Caesar(정치인)

When a bird is about to die, its notes are mournful; when a man is about to die, his words are good.

새가 장차 죽으려 할 때 그 울음이 슬프고, 사람이 장차 죽으려 할 때 그 말이 참되다.

Confucian Analects(논어)

I 인생 | 의미

Tomorrow hopes we have learned something from yesterday.

내일은 우리가 어제로부터
무엇인가 배웠기를 바란다.

John Wayne(배우)

Ⅲ 사회/문화 | 기타

A man is not old until regrets take the place of dreams.

후회가 꿈을 대신하는 순간부터
우리는 늙기 시작한다.

John Barrymore(배우)

I 인생 | 의미

Life's but a walking shadow, a poor player.

인생이란
걸어 다니는 그림자,
서투른 연극배우.

Macbeth(비극)

Ⅲ 사회/문화 | 기타

At sixty, my ear was an obedient organ for the reception of truth.

60세에는 어떤 말을 들어도 귀에 거슬리지 않았다.

Confucius(사상가)

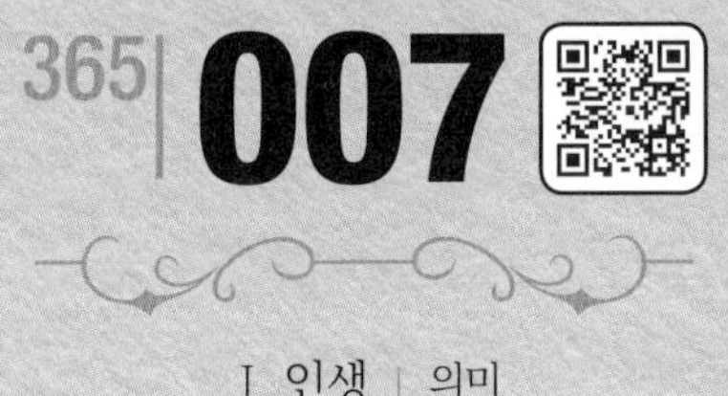

365 | 007

I 인생 | 의미

A long life may not be good enough, but a good life is long enough.

긴 인생은 충분히 좋지 않을 수도 있다.
그러나 좋은 인생은 충분히 길다.

Benjamin Franklin(정치인)

365 | 359

Ⅲ 사회/문화 | 기타

Someone's sitting in the shade today because someone planted a tree a long time ago.

오늘날 누군가가 그늘에 앉아 쉴 수 있는 이유는
오래전에 누군가가 나무를 심었기 때문이다.

Warren Buffett(사업가)

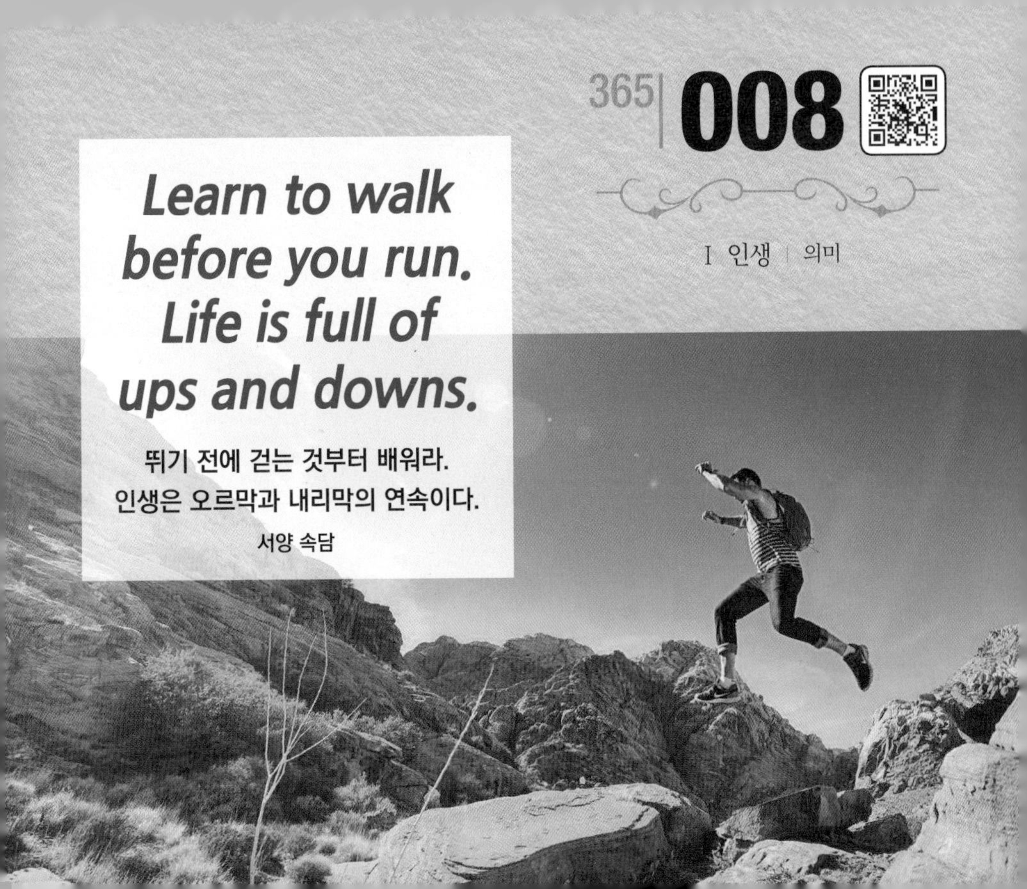
365 008
I 인생 | 의미
Learn to walk before you run. Life is full of ups and downs.
뛰기 전에 걷는 것부터 배워라.
인생은 오르막과 내리막의 연속이다.
서양 속담

Ⅲ 사회/문화 | 기타

We're all a mess. But I guess this is what it feels like to be young.

우리 모두 엉망진창인 것 같지만 젊다는 건 이런 게 아닐까?

To Be Young(음악), Anne-Marie

Ⅰ 인생 | 의미

Life is a zoo in a jungle.

인생은 밀림 속의 동물원이다.

Peter De Vries(작가)

Ⅲ 사회/문화 | 기타

May the odds be ever in your favor.

확률이 당신의 편이기를.

The Hunger Games(영화)

The drama of life begins with a wail and ends with a sigh.

삶의 드라마는 울부짖음과 함께 시작하여 한숨과 함께 끝난다.

Minna Antrim(작가)

Ⅲ 사회/문화 | 기타

The wind is our friend, anyway.
And the great sea with our
friends and our enemies.

어쨌든 바람은 우리의 친구야.
우리의 친구이기도 적이기도 한 바다도 그렇지.

The Old Man and The Sea(소설), Ernest Hemingway

As a well-spent day brings happy sleep, so life well used brings happy death.

365 | **011**

I 인생 I 의미

잘 보낸 하루 끝에 행복한 잠을 청할 수 있듯이
한 생을 잘 산 후에는 행복한 죽음을 맞을 수 있다.

Leonardo da Vinci(화가)

Ⅲ 사회/문화 | 기타

Science is organized knowledge. Wisdom is organized life.

과학은 정리된 지식이다.
지혜는 정리된 인생이다.

Immanuel Kant(철학자)

365 | 012

I 인생 | 의미

Although the world is full of suffering, it is full also of the overcoming of it.

세상은 고통으로 가득하지만 한편 그것을 이겨내는 일로도 가득 차 있다.

Helen Keller(작가, 사회 사업가)

Ⅲ 사회/문화 | 기타

If you pay attention to me, you won't to be wrong, but you can't be wrong.

나에게 관심이 집중되면 틀리고 싶어도 틀릴 수가 없어.

Bohemian Rhapsody(영화)

365| **013** 

I 인생 | 의미

Truth is stranger than fiction.

사실은 소설보다 기이하다.

George G. Byron(작가)

Ⅲ 사회/문화 | 기타

Come in close. Closer.
Because the more you think you see, the easier it'll be to fool you.

가까이 오세요. 더 가까이. 많이 봤다고 생각할수록 속이기도 쉬우니까.

Now You See Me(영화)

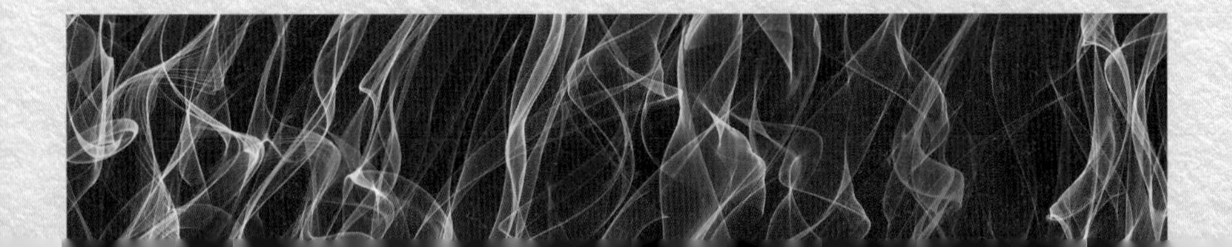

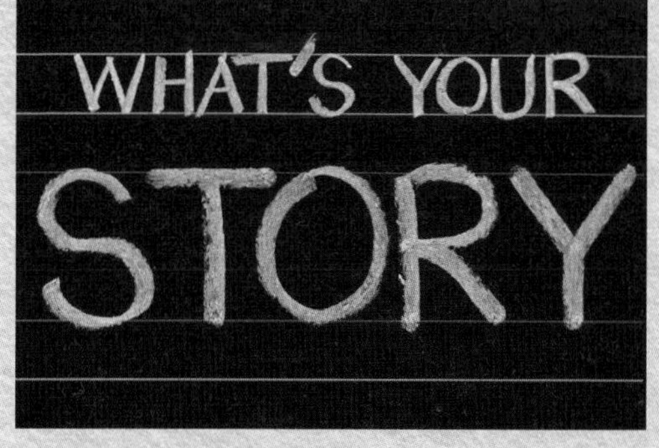

Man is born to live, not to prepare for life.
Life itself, the phenomenon of life,
the gift of life is so breathtakingly serious.

사람은 살려고 태어나는 것이지 인생을 준비하려고 태어나는 것은 아니다.
인생 그 자체, 인생의 현상, 인생이 가져다 주는 선물은 숨이 막히도록 진지하다.

Boris Pasternak(작가)

Ⅲ 사회/문화 | 기타

All grown-ups were once children, although few of them remember it.

어른들은 누구나 처음에는 어린이였어.
하지만 그것을 기억하는 어른은 별로 없지.

A Little Prince(소설)

365 | 015

I 인생 | 의미

Life is like a box of chocolates. You never know what you're gonna get.

인생은 초콜릿 상자와 같아서
어떤 것을 잡을지 알 수 없다.

Forrest Gump(영화)

365 | 351

Ⅲ 사회/문화 | 기타

My heart leaps up when I behold a rainbow in the sky.

하늘의 무지개 바라보면 내 마음은 설렌다.

Rainbow, William Wordsworth(시인)

I 인생 의미

We're the people that live. They can't wipe us out, they can't lick us, we'll go on forever, papa because we're the people.

우리들은 살아있는 인간입니다. 그들은 우리를 전멸시킬 수 없고,
또 쓸어버릴 수도 없습니다. 우리는 영원히 살아갈 것입니다.
아버지, 우리는 인간이기 때문입니다.

The Grapes Of Wrath(영화)

Ⅲ 사회/문화 | 기타

Luck favors the prepared.

행운은 준비된 사람에게 온다.

Incredibles(영화)

365 | 017 

I 인생 | 의미

Life isn't always what one likes.

삶이란 것이
자기 뜻대로 되는 것은 아니죠

Roman Holiday(영화)

A thing of beauty is a joy forever. Its loveliness increases; it will never pass into nothingness.

아름다운 것은 영원한 즐거움이다. 그 사랑스러움은 더해지고 허무로 끝나는 법이 없다.

John Keats(작가)

365 | **018**

I 인생 | 의미

The only thing we know is things don't always go the way we plan.

우리가 아는 단 한 가지는, 모든 건 계획대로만 흘러가지 않는다는 거야.

Lion King(영화)

Ⅲ 사회/문화 | 기타

Common sense is the collection of prejudices acquired by age 18.

상식은 18세 때까지 후천적으로
얻은 편견의 집합이다.

Albert Einstein(과학자)

I 인생 | 의미

Yesterday is history,
tomorrow is a mystery
and today is a gift.
That's why
they call it the present.

어제는 역사이고, 내일은 비밀이고, 오늘은 선물입니다.
그래서 우리는 현재를 선물이라 말합니다.

Kungfu Panda(영화)

That's what I love about music. All these banalities suddenly turn into beautiful pearls.

내가 음악을 이래서 좋아해. 모든 평범함도 음악을 듣는 순간
아름답게 빛나는 진주처럼 변하니까.

Begin Again(영화)

I 인생 | 의미

Today is the first day of the rest of your life.

오늘은 당신의
남은 생애의 첫 날이다.

American Beauty(영화)

Filling a space in a beautiful way-
that is what art means to me.

아름다운 방법으로 공간을 채우는 것, 그것이 바로 예술의 의미이다.

Georgia O'Keeffe(화가)

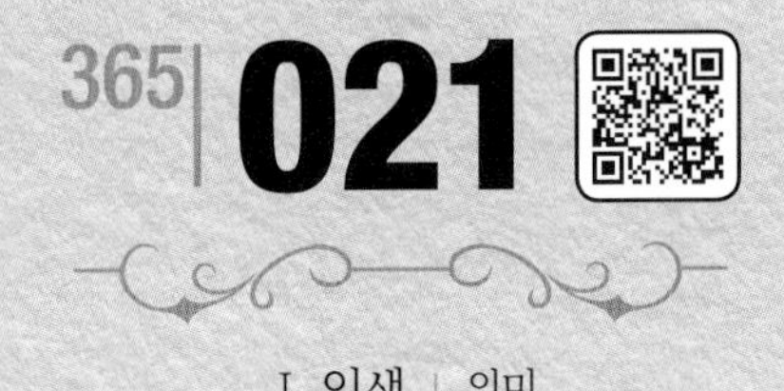

365 | 021

I 인생 | 의미

Life is a journey to be experienced, not a problem to be solved.

삶은 경험하기 위한 여정이지
풀기 위한 문제가 아니다.

Winnie the Pooh(영화)

365 | **345**

Ⅲ 사회/문화 | 예술/여행

You can't wait for inspiration. You have to go after it with a club.

영감이 떠오를 때까지 그저 기다리기만 해서는 안 된다.
골프채라도 들고 찾아 나서야 한다.

Jack London(작가)

365 | **022**

I 인생 | 의미

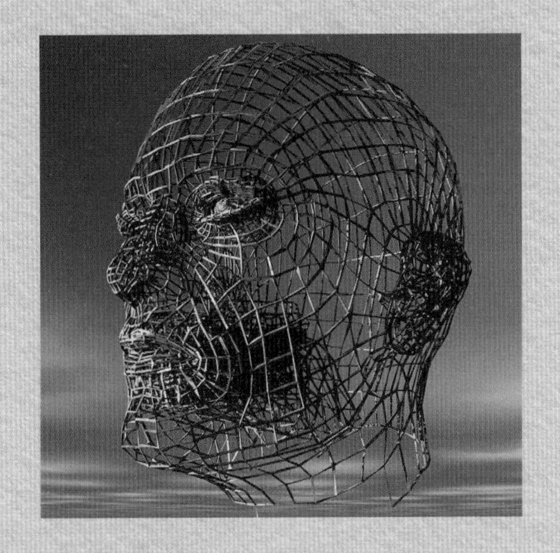

We accept the reality of the world with which we are presented.

우리는 보이는 세상이 진실이라고 믿고 살기 마련이죠.

Truman Show(영화)

365 | **344**

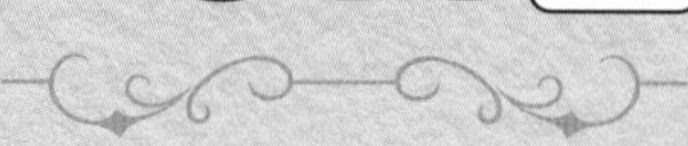

Ⅲ 사회/문화 | 예술/여행

I shut my eyes in order to see.

나는 보기 위해 눈을 감는다.

Paul Gauguin(화가)

Every moment is a fresh beginning.

매 순간이 항상 새로운 시작이다.

T.S. Eliot(시인)

Ⅲ 사회/문화 | 예술/여행

I paint flowers so they will not die.

꽃들이 죽지 않도록
나는 꽃을 그린다.

Frida Kahlo(화가)

My life is my message.

Ⅰ 인생 | 의미

나의 삶은 내가 전하는 메시지이다.

Mahatma Gandhi(사상가)

Ⅲ 사회/문화 | 예술/여행

The art of art, the glory of expression
and the sunshine of
the light of letters is simplicity.

예술 중의 예술, 표현의 찬연한 아름다움,
그리고 글자의 빛에서 발하는 광휘로움은 바로 소박함이다.

Walt Whitman(시인)

365 | **025**

I 인생 | 의미

Every man's life is a fairytale written by God's fingers.

모든 사람의 일생은 신의 손으로 써내려 간 동화와 같다.

Hans Christian Andersen(작가)

365 | **341**

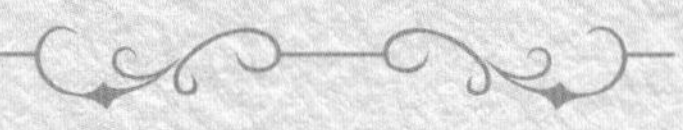

Ⅲ 사회/문화 | 예술/여행

There is a world out there with millions of wind chimes.

세상에는 바람이 만들어내는
수 백 만개의 선율로 가득 차 있다.

August Rush(영화)

365 | 026

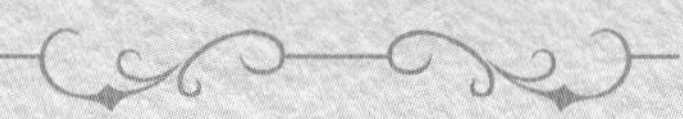

I 인생 | 의미

The world breaks everyone, and afterward, some are strong at the broken place.

세상은 모든 사람을 부러뜨리고,
그리고 그 후에는, 어떤 사람들은
부서진 곳에서 강해진다.

Ernest Miller Hemingway(작가)

Novels are to love as fairy-tales to dreams.

소설은 사랑과 관련이 있고
동화는 꿈과 관계 있다.

Samuel Taylor Coleridge(작가)

365 | 027

I 인생 | 의미

People living deeply have no fear of death.

깊이 있게 사는 사람들은
죽음에 대한 두려움이 없다.

Anais Nin(소설가)

Ⅲ 사회/문화 예술/여행

It takes a great deal of history to produce a little literature.

약간의 문학을 만들어 내기 위해 아주 많은 역사가 필요하다.

Henry James(작가)

I 인생 | 의미

Life is very interesting.
In the end, some of your greatest pains become your greatest strengths.

삶은 참 흥미로워요. 결국 당신을 가장 힘들게 했던 고통들 중 몇몇은
당신의 가장 큰 힘이 될 거예요.

Drew Barrymore(배우)

I dream of painting and then I paint my dream.

나는 그림에 대해 꿈을 꾸고 그 꿈을 그린다.

Vincent Van Gogh(화가)

365 | 029

I 인생 | 의미

One thing is certain. Living is sweeter than chocolate.

한 가지는 확실합니다. 사는 것이 초콜릿보다 달콤하다는 것이죠.

Charlie and the Chocolate Factory(영화)

Ⅲ 사회/문화 | 예술/여행

The music is not in the notes, but in the silence in between.

음악은 음표 속에 있는 것이 아니라, 그 사이에 있는 침묵 속에 있다.

Wolfgang Amadeus Mozart(작곡가)

I 인생 의미

Life is something that everyone should try at least once.

인생이란 누구나 한 번쯤 시도해 볼 만한 것이다.

Henry J. Tilman(작가)

Ⅲ 사회/문화 | 예술/여행

A painter paints pictures on canvas. But musicians paint their pictures on silence.

화가는 캔버스에 그림을 그리지만, 음악가는 침묵 위에 그림을 그린다.

Leopold Stokowski(지휘자)

365| **031**

I 인생 I 의미

Life's a voyage that's homeward bound.

인생은 집을 향한 여행이다.

Herman Melville(소설가)

365 | 335

Ⅲ 사회/문화 | 예술/여행

Travel becomes a strategy for accumulating photographs.

여행은 사진들을 모으는 하나의 전략이 된다.

Susan Sontag(작가)

365 | 032

I 인생 | 의미

The earth is a beehive; we all enter by the same door but live in different cells.

이 세상은 벌집이다. 우리는 모두 같은 문으로 들어오지만
제각기 다른 방에 떨어져 산다.

아프리카 속담

365 | 334

Ⅲ 사회/문화 | 예술/여행

The gladdest moment in human life, me thinks, is a departure into unknown lands.

인생에서 가장 기쁜 순간은
미지의 땅으로 출발하는 순간이라고
나는 생각한다.

Sir Richard Burton(군인)

365 | 033

I 인생 | 의미

We could never learn to be brave and patient, if there were only joy in the world.

이 세상에 기쁨만이 존재한다면 우리는 결코 용감해지거나 인내심을 배울 수 없을 것이다.

Helen Keller(작가, 사회사업가)

365 | **333**

Ⅲ 사회/문화 | 예술/여행

There are no foreign lands.
It is the traveler only who is foreign.

이국의 땅이란 존재하지 않는다. 다만 여행자 홀로 외국인인 것이다.

Robert Louis Stevenson(작가)

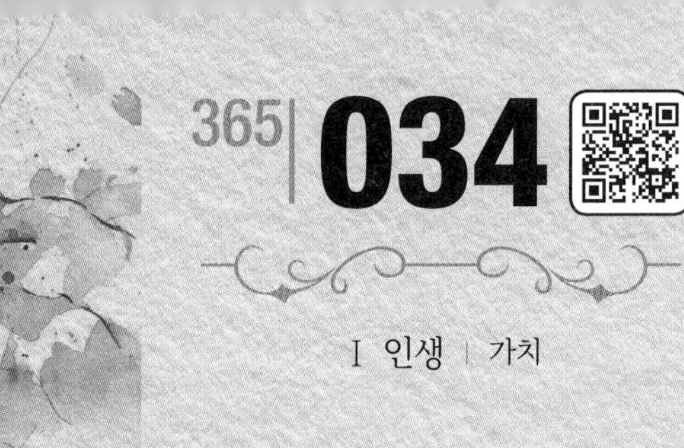

Ⅰ 인생 | 가치

**Life is like an onion;
you peel it off
one layer at a time,
and sometimes you weep.**

삶은 하나의 양파와 같다; 한 번에 한 겹을 벗겨내며,
그리고 당신은 때때로 눈물을 흘린다.

Muriel James(작가)

365 | 332 

Ⅲ 사회/문화 | 예술/여행

One's destination is never a place, but a new way of seeing things.

여행의 최종 목적지는 장소가 아니라, 사물을 보는 새로운 시야이다.

Henry Miller(작가)

I 인생 | 가치

I think fate is behind everything.

저는 모든 일에는 운명이 따르는 거라고 생각해요.

Serendipity(영화)

Ⅲ 사회/문화 | 교육

Education's purpose is to replace an empty mind with an open one.

교육의 목적은 비어있는 머리를
열려있는 머리로 바꾸는 것이다.

Malcolm Forbes(경영자)

365 | **036**

I 인생 | 가치

Anything you're good at contributes to happiness.

당신이 잘 하는 일이라면
무엇이나 행복에 도움이 된다.

Bertrand Russell(철학자)

Ⅲ 사회/문화 | 교육

There is a limit to our life, but to knowledge there is no limit.

우리 인간의 삶은 끝이 있지만
앎에는 끝이 없다.

Chuang Tzu(장자)

365 | 037

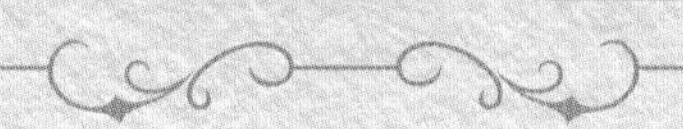

I 인생 | 가치

Happiness is in the process of pursuit.

행복은 추구하는 과정에 있다.

Bertrand Russell(철학자)

365 | **329**

Ⅲ 사회/문화 | 교육

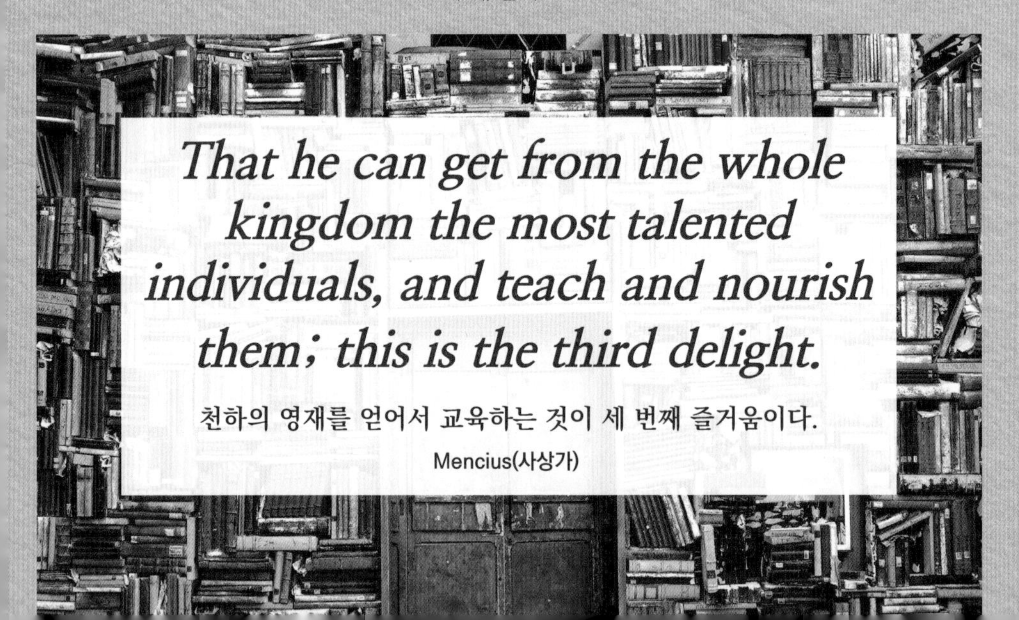

That he can get from the whole kingdom the most talented individuals, and teach and nourish them; this is the third delight.

천하의 영재를 얻어서 교육하는 것이 세 번째 즐거움이다.

Mencius(사상가)

365 | **038**

Ⅰ 인생 | 가치

We have no more right to consume happiness without producing it than to consume wealth without producing it.

재물을 스스로 만들지 않는 사람에게는 쓸 권리가 없듯이
행복도 스스로 만들지 않는 사람에게는 누릴 권리가 없다.

George Bernard Shaw(작가)

365 | 328
Is it not pleasant to learn with a constant perseverance and application?
배우고 그때그때 익히니
또한 즐겁지 아니한가?
The Analects of Confucius(논어)
Ⅲ 사회/문화 | 교육

365 | 039

I 인생 | 가치

Happiness is a warm puppy.

행복이란 포근한 강아지 한 마리다.

Charles M. Schulz(만화가)

One book, one pen, one child, and one teacher can change the world.

한 권의 책, 연필 한 자루, 한 아이, 한 명의 선생님이 세상을 바꿀 수 있다.

Malala Yousafzai(시민운동가)

Ⅰ 인생 | 가치

Happiness lies in the joy of achievement and the thrill of creative effort.

행복은 성취의 기쁨과 창조적 노력이 주는 쾌감 속에 있다.

Franklin Roosevelt(정치인)

Ⅲ 사회/문화 | 교육

Education is the most powerful weapon which you can use to change the world.

교육은 세상을 바꿀 수 있는 가장 강력한 무기다.

Nelson Mandela(정치인)

365 | **041**

Ⅰ 인생 | 가치

When you relinquish the desire to control your future, you can have more happiness.

미래를 좌지우지하겠다는 욕망을 버리면
더 행복해질 수 있다.

Nicole Kidman(영화 배우)

365 | 325

Ⅲ 사회/문화 | 교육

To teach is to learn twice

가르치는 것은
두 번 배우는 것이다.

Joseph Joubert(작가)

365 | 042

Ⅰ 인생 | 가치

There is an alchemy in sorrow. It can be transmuted into wisdom, which, if it does not bring joy, can yet bring happiness.

슬픔 속에는 연금술이 있다. 슬픔은 지혜로 변해 기쁨 또는 행복을 가져다 줄 수 있다.

Pearl Buck(소설가)

A man who knows two languages is worth two men.

두 개의 언어를 아는 사람은 두 사람의 가치가 있다.

프랑스 속담

365 | 043

Ⅰ 인생 | 가치

Everyone chases after happiness, not noticing that happiness is right at their heels.

모든 사람은 행복이
자신의 발꿈치에 있다는 것을
깨닫지 못하고 행복을 좇는다.

Bertolt Brecht(작가)

You become what you study.

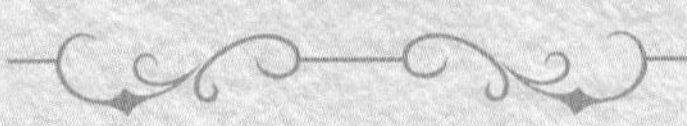

Ⅲ 사회/문화 | 교육

여러분은 여러분이 공부한 대로 됩니다.

Robert T. Kiyosaki(작가)

I 인생 | 가치

No medicine cures what happiness cannot.

행복이 치료할 수 없는 것을 치료하는 약은 없다.

Gabriel GarcÎa Mârquez(작가)

365 | 322

Ⅲ 사회/문화 | 교육

If you want to be powerful, educate yourself

강력해지기를 원하면
너 자신을 교육해라.

Jeremy McGilvrey(작가)

365 | **045**

I 인생 | 가치

Being happy never goes out of style.

행복은 결코 유행을 타지 않는다.

Lilly Pulitzer(디자이너)

365 | 321

Ⅲ 사회/문화 | 교육

Education is not the filling of a pail, but the lighting of a fire.

교육은 양동이를 채우는 일이 아니라
학생들의 마음에 불을 지피는 일이다.

William Butler Yeats(시인)

I 인생 | 가치

Your happiness is defined by what makes your spirit sing.

당신의 행복은 무엇이 당신의 영혼을 노래하게 하는가에 따라 결정된다.

Nancy Sullivan(배우)

There is no royal road to learning.

배움에는 왕도가 없다.

Euclid(수학자)

365 | 047

I 인생 | 가치

The only true happiness comes from squandering ourselves for a purpose.

유일한 진정한 행복은 목적을 위해 몰입하는 데서 온다.

William Cowper(시인)

As the old cock crows, the young cock learns.

늙은 수탉이 우는 소리를
어린 수탉이 따라 배운다.

서양 속담

365 | 048

I 인생 | 가치

Blessedness is not the reward of virtue but virtue itself.

행복은 미덕의 보상이 아닌, 미덕 그 자체다.

Baruch Spinoza(철학자)

The more we study, the more we discover our ignorance.

더욱 많이 공부할수록 더욱 더 우리의 무지함을 발견하게 된다.

Percy Bysshe Shelley(작가)

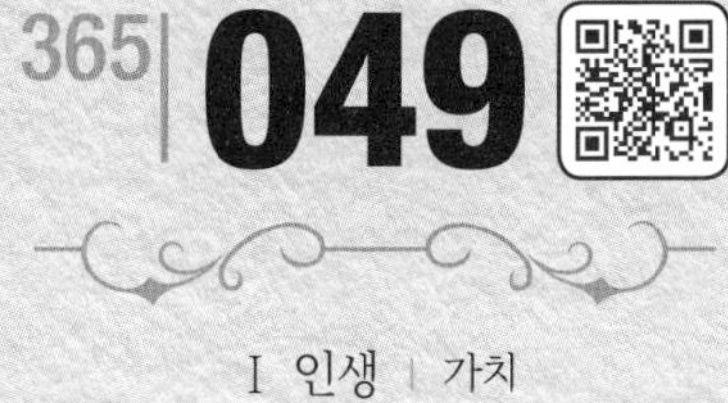

I 인생 | 가치

A smile is happiness you will find right under your nose.

미소는 당신의 코 바로 밑에서 찾을 수 있는 행복입니다.

Tom Wilson(배우)

365 | 317

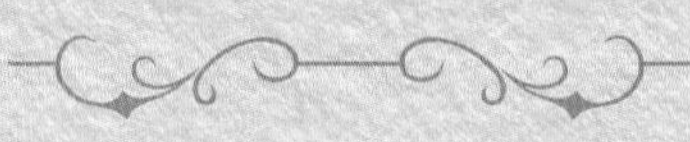

Ⅲ 사회/문화 | 교육

To acquire knowledge, one must study; but to acquire wisdom, one must observe.

지식을 얻으려면 공부를 해야 하고, 지혜를 얻으려면 관찰을 해야 한다.

Marilyn vos Savant(칼럼니스트)

365 | 050

I 인생 | 가치

Happiness makes up in height for what it lacks in length.

모자라는 부분을 채워가는 것이 행복이다.

Robert Frost(시인)

Ⅲ 사회/문화 | 교육

Liberty without learning is always in peril and learning without liberty is always in vain.

배움이 없는 자유는 언제나 위험하며 자유가 없는 배움은 언제나 헛된 일이다.

John F. Kennedy(정치인)

365 | 051

I 인생 | 가치

Man is unhappy because he doesn't know he's happy. It's only that.

인간이 불행한 것은 자신이 행복하다는 것을 모르기 때문이다. 그것 뿐이다.

Fyodor Dostoyevsky(작가)

Ⅲ 사회/문화 | 교육

We are an intelligent species and the use of our intelligence quite properly gives us pleasure. In this respect the brain is like a muscle. When it is in use we feel very good. Understanding is joyous.

사람은 지성적 존재이므로 당연히 지성을 사용할 때 기쁨을 느낀다.
이런 의미에서 두뇌는 근육과 같은 성격을 갖는다.
두뇌를 사용할 때 우리는 기분이 매우 좋다. 이해한다는 것은 즐거운 일이다.

Carl Sagan(천문학자)

365 | 052

I 인생 | 가치

Happiness is the richest thing we will ever own.

행복은 우리가 소유하게 될 가장 부유한 것이죠.

Donald Duck(영화)

Literacy is a bridge from misery to hope.

문해력은 빈곤과 고통에서 희망으로 가는 다리이다.

Kofi Annan(국제기관단체인)

053

I 인생 | 가치

Happiness resides not in possessions, and not in gold; happiness dwells in the soul.

행복은 소유물에도 황금에도 존재하지 않는다. 행복은 영혼에 존재한다.

Democritus(철학자)

365 | **313**

Ⅲ 사회/문화 | 교육

One of the greatest gifts adults can give to their off spring and to their society is to read to children.

어른이 자녀와 사회에 기여할 수 있는 가장 큰 선물 중 하나는 바로 아이들에게 책을 읽어주는 것이다.

Carl Sagan(천문학자)

Ⅰ 인생 | 가치

**Happiness is
a perfume you cannot
pour on others
without getting
a few drops on yourself.**

행복이란 향수와 같아서 먼저 자신에게 뿌리지 않고는
다른 사람에게 향기를 발할 수 없다.

Ralph Waldo Emerson(작가)

If you don't like to read, you haven't found the right book.

Ⅲ 사회/문화 | 교육

당신이 독서를 좋아하지 않는다면
좋은 책을 아직 발견하지 못한 것이다.

J. K. Rowling(작가)

The bird of paradise alights only upon the hand that does not grasp.

낙원의 파랑새는 자신을 잡으려 하지 않는 사람의 손에 날아와 앉는다.

John Berry(영화 감독)

Ⅲ 사회/문화 | 교육

Books are a uniquely portable magic.

책은 특별하게
휴대 가능한
마법이다.

Stephen King(작가)

I 인생 | 가치

To be happy, we must not be too concerned with others.

행복해지려면 다른 사람에게 지나친 관심을 갖지 말아야 한다.

서양 속담

365 | 310

Ⅲ 사회/문화 | 교육

The reading of all good books is like conversation with the finest of the past centuries.

좋은 책을 읽는 것은 지난 세기의 가장 훌륭한 사람들과 하는 대화와 같다.

Descartes(철학자)

365 | 057

Ⅰ 인생 | 가치

The supreme happiness in life is the conviction that we are loved.

인생에서 최고의 행복은 우리가 사랑받고 있다는 확신이다.

Victor Hugo(작가)

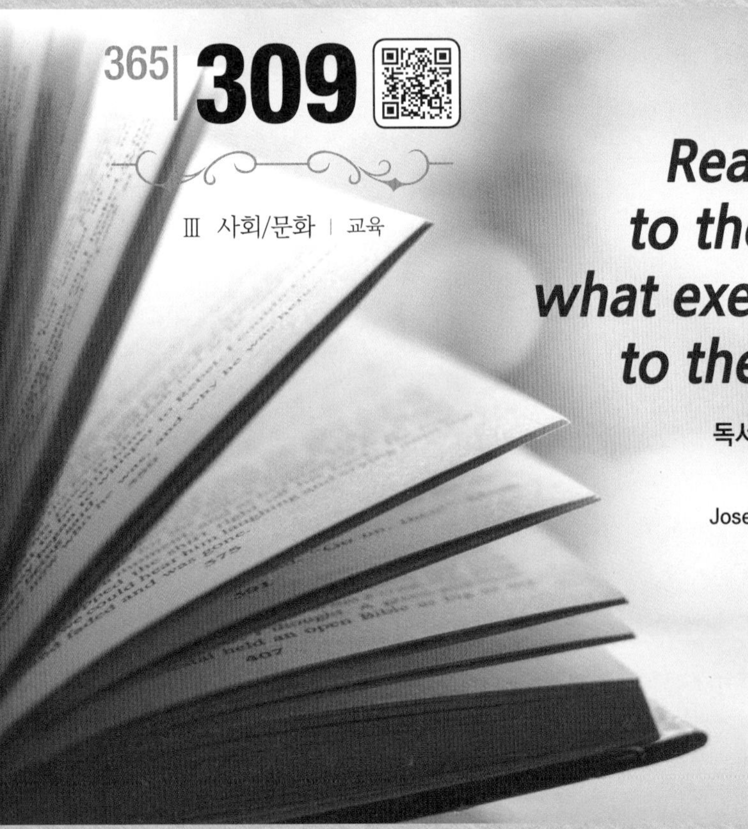

Ⅲ 사회/문화 | 교육

Reading is to the mind what exercise is to the body.

독서는 마음이 하는 운동이다.

Joseph Addison(작가)

I 인생 | 가치

Happiness comes when you feel truly alive.

행복은 내가 진정 살아있다고 느낄 때 찾아온다.

Hector and the Search for Happiness(영화)

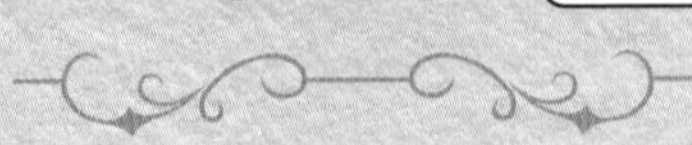

Ⅲ 사회/문화 | 교육

The man who doesn't read good books has no advantage over the man who can't read them.

좋은 책을 읽지 않는 사람은 책을 읽을 수 없는 사람보다 나을 바 없다.

Mark Twain(작가)

365 | 059

I 인생 | 가치

When the Lord closes a door, somewhere he opens a window.

주께서는 한쪽 문을 닫을 때,
다른 창문을 열어 놓으신다.

The Sound Of Music(영화)

Government of the people, by the people, for the people, shall not perish from the earth.

국민의, 국민에 의한, 국민을 위한 정부는 지상에서 사라지지 않을 것입니다.

Abraham Lincoln(정치인)

Tomorrow is another day.

내일은 내일의 태양이 떠오른다.

Gone With the Wind(영화)

Ⅲ 사회/문화 | 정치

I have a dream that my four little children will one day live in a nation where they will not be judged by the color of their skin but by the content of their character.

나는 내 자녀가 피부색이 아니라 인격에 따라 평가받는
그런 나라에 살게 되는 날이 오리라는 꿈을 가지고 있습니다.

Martin Luther King, Jr(목사)

I 인생 | 가치

Hope is a good thing, maybe the best of things. And no good thing ever dies.

희망은 좋은 것이고, 아마 우리에게 가장 좋은 것 일 수도 있어요. 좋은 것은 절대 사라지지 않아요.

The Shawshank Redemption(영화)

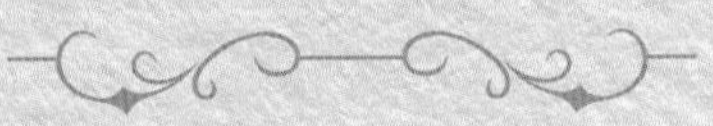

Ⅲ 사회/문화 | 정치

Governing a great state is like cooking a small fish.

큰 나라를 다스리는 것은 작은 생선을 요리하는 것과 같다.

Lao Tzu(철학자)

I 인생 I 가치

Happiness can be found even in the darkest of times, if one only remembers to turn on the light.

가장 어두운 시간에도 행복은 존재해,
단지 불을 켜는 것을 잊지 않는다면 말이야.

Harry Potter(소설)

365 | 304 

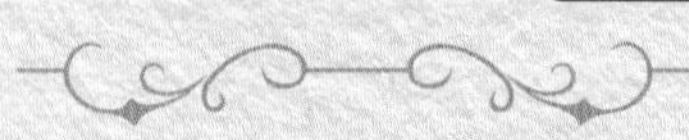

Ⅲ 사회/문화 | 정치

The happiness of society is the end of government.

사회의 행복이 정부의 목표다.

John Adams(정치인)

365 | **063**

I 인생 | 가치

Nothing is hopeless. We must hope for everything.

희망 없는 상황이란 없다. 모든 것에 대해 희망을 품어라.

Madeleine L'Engle(작가)

365 | 303

Ⅲ 사회/문화 | 정치

One man with courage makes a majority.

용기 있는 한 사람이 다수의 힘을 갖는다.

Andrew Jackson(정치인)

365 | **064**

I 인생 | 가치

My hope is being able to see that there is light despite all of the darkness.

희망은 어둠 속에서도 빛을 찾을 수 있게 해준다.

Desmond Tutu(신부)

365 | **302** 

Ⅲ 사회/문화 | 정치

The ballot is stronger than the bullet.

투표용지는 탄알보다 강하다.

Abraham Lincoln(정치인)

I 인생 | 가치

Behind the clouds is the sun still shining.

구름 뒤에선 태양이 빛나고 있다.

서양 속담

365 | 301

Ⅲ 사회/문화 | 정치

There never was a good war or a bad peace.

좋은 전쟁, 나쁜 평화가 있어본 일이 없다.

Benjamin Franklin(정치인)

365 | 066

I 인생 | 가치

I'll rise like the break of dawn.

새벽의 빛이 떠오르듯이
나도 떠오를 거야.

Frozen(영화)

Ask not what your country can do for you; ask what you can do for your country.

국가가 당신을 위해 무엇을 할 수 있는지 묻지 말고 당신이 국가를 위해 무엇을 할 수 있는지 물어보라.

John F. Kennedy(정치인)

365 | 067

Ⅰ 인생 | 가치

You still have enough time to make your dream come true.

너는 아직 꿈을 이룰 충분한 시간이 있어.

Peter Pan(영화)

Ⅲ 사회/문화 | 정치

The basis of a democratic state is liberty.

민주주의 국가의 기반은 자유이다.

Aristotle(철학자)

I 인생 I 가치

To eat bread without hope is still slowly to starve to death.

희망 없이 빵을 먹는 것은 여전히 조금씩 굶어가는 것이다.

Pearl S. Buck(작가)

365 | 298 

II 인간 | 관계

Friendship is like a bank account. You can't continue to draw on it without making deposits.

우정은 은행 계좌와 같다. 당신은 예금하지 않으면서 계속해서 그것으로부터 돈을 인출할 수는 없다.

작자 미상

I 인생 | 가치

Freedom is the will to be responsible to ourselves.

자유는 스스로에게 책임지는 의지다.

Friedrich Wilhelm Nietzsche(철학자)

Love is putting someone else's needs before yours.

사랑은 다른 사람의 필요를 네 자신의 것보다 우선하는 거야.

Frozen(영화)

365 | 070

I 인생 | 가치

Compassion is the basis of all morality.

동정심은 모든 도덕성의 근본이다.

Arthur Schopenhauer(철학자)

Ⅱ 인간 | 관계

What is hell? I maintain that it is the suffering of being unable to love.

지옥은 무엇인가? 나는 그것이 사랑할 수 없는 것의 고통이라고 주장한다.

The Brothers Karamazov(소설)

365 | 071

I 인생 | 가치

Freedom is a system based on courage.

자유는 용기에 근거를 둔 제도이다.

Charles Peguy(작가)

365 | 295 

Ⅱ 인간 | 관계

Forgiveness is the final form of love.

용서는 사랑의 마지막 형태이다.

Reinhold Niebuhr(신학자)

I 인생 | 가치

They may take our lives, but they'll never take our freedom.

우리의 목숨을 앗아갈지 몰라도 우리의 자유는 앗아가지 않을 것이다.

Braveheart(영화)

So thank you for being the person who taught me to love. And to be loved.

사랑하는 법을 알려줘서 고마워. 또 사랑하는 법도.

If Only(영화)

I 인생 I 가치

The beauty and mystery of this world only emerges through affection, attention, interest and compassion.

이 세상의 아름다움과 신비는
단지 애정, 관심과 흥미와
동정심으로부터 나온다.

Orphan Pamuk(작가)

So long as little children are allowed to suffer, there is no true love in this world.

어린 아이들을 고통 받게 놔두는 한, 이 세상에 참된 사랑은 없다.

Isadora Duncan(무용수)

I 인생 I 경험

It is beyond a doubt that all our knowledge begins with experience.

우리의 모든 지식이 경험에서 시작한다는 것은 의심의 여지가 없다.

Immanuel Kant(철학자)

II 인간 | 관계

If I know what love is, it is because of you.

내가 사랑을 안다면 그것은 당신 때문이다.

Herman Hesse(작가)

075

I 인생 | 경험

There is no education like adversity.

역경만 한 교육은 없다.

Benjamin Disraeli(정치가, 문인)

Only love will truly save the world.

오직 사랑만이
진정으로 세상을 구한다.

Wonder Woman(영화)

I 인생 | 경험

Success is never a destination—it is a journey.

성공은 종착점이 아니라 여정이다.

Statenig St. Marie

Ⅱ 인간 | 관계

What counts in making a happy marriage is not so much how compatible you are, but how you deal with incompatibility.

결혼 생활은 '서로 얼마나 잘 맞는가'가 아니라 '서로 다른 점을 어떻게 조절하는가'에 있다.

Lev Tolstoy(소설가)

You can learn a little from victory; you can learn everything from defeat.

승리하면 조금 배울 수 있고 패배하면 모든 것을 배울 수 있다.

Christy Mathewson(야구 선수)

I will go to you like the first snow.

첫 눈처럼 너에게 가겠다.

Goblin(한국 드라마)

365 | **078**

Ⅰ 인생 | 경험

Experience is simply the name we give our mistakes.

경험이란 것은 그저 우리가 저지른 실수에 붙여준 이름일 뿐이다.

Oscar Wilde(작가)

365 | 288

II 인간 | 관계

You make me want to be a better man.

넌 내가 더 좋은 남자가 되고 싶어지게 만들어.

As Good As It Gets(영화)

365 | 079

I 인생 | 경험

Adversity is the first path to Truth.

역경은 진리에 도달하는 첫 번째 길이다.

George Gordon Byron(작가)

Ⅱ 인간 | 관계

There is only one law in love. It's a job that makes a loved one happy.

사랑에는 한 가지 법칙 밖에 없다.
그것은 사랑하는 사람을
행복하게 해주는 일이다.

Stendhal, Marie Henri Beyle(소설가)

I 인생 | 경험

Oh yes, the past can hurt.
But you can either run from it,
or learn from it.

그래, 과거는 아플 수 있어.
하지만 너는 그것으로부터 도망칠 수도 있고 배울 수도 있지.

The Lion King(영화)

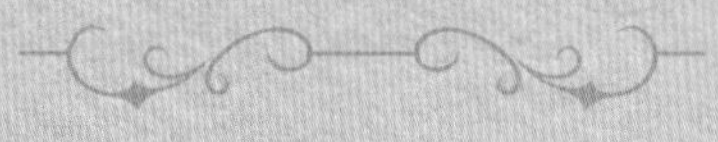

Ⅱ 인간 | 관계

I love you. You complete me.

당신을 사랑해요. 당신은 나를 완성시켜줘요.

Jerry Maguire(영화)

365 | 081

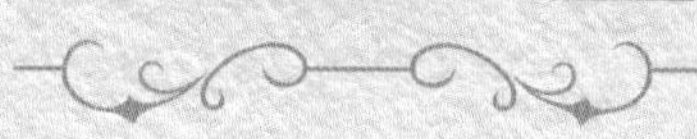

I 인생 | 경험

People fail forward to success.

실패하는 것은 곧 성공으로
한 발짝 더 나아가는 것이다.

Mary Kay Ash(사업가)

It doesn't matter if the guy is perfect or the girl is perfect, as long as they are perfect for each other.

남자가 완벽하던, 여자가 완벽하던 그런 건 중요하지 않아.
그들이 서로에게 완벽하기만 한다면.

Good Will Hunting(영화)

I 인생 | 경험

Turn your wounds into wisdom.

당신의 아픔을 지혜로 승화시켜라.

Oprah Winfrey(방송인)

365 | 284

You want the moon? Just say the word, and I'll throw a lasso around it and pull it down.

달이 갖고 싶어요? 말만 해요.
그러면 내가 그 달에 밧줄을 던져 끌어 당길게요.

It's a Wonderful Life(영화)

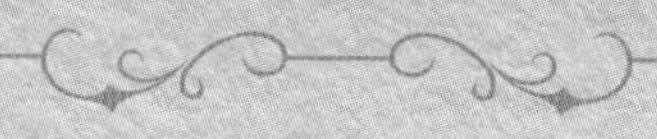

I 인생 | 경험

If you fall, you can learn how to climb up.

만약 당신이 추락했다면, 올라오는 방법을 익힐 수 있어요.

Now You See Me(영화)

365 | 283

II 인간 | 관계

You will never age for me, nor fade, nor die.

나에게 당신은 결코 늙지도, 사라지지도, 죽지도 않을 거예요.

Shakespeare In Love(영화)

I 인생 | 경험

What I fear is not failure, but repeating the same failure.

내가 두려워하는 것은 실패가 아니라 같은 실패를 되풀이하는 것이다.

Lee Geonhee(사업가)

No, I like you very much. Just as you are.

아니, 난 당신을 아주 많이 좋아해요.
당신 모습 있는 그대로.

Bridget Jones's Diary(영화)

I 인생 | 경험

The greatest risk is the risk of riskless living.

가장 큰 위험은 위험 없는 삶이다.

Stephen Covey(교수)

II 인간 | 관계

I believe we have some power over who we love. It isn't something that just happens to a person.

사랑하는 사람은 내가 직접 선택하는 거라고 믿어.
운명처럼 그게 찾아오는 게 아니라고.

Little Women(소설)

365 | 086

I 인생 | 경험

To win without risk is to triumph without glory.

아무런 위험 없이 승리하는 것은 영광 없는 승리에 다름 아니다.

Pierre Corneille(작가)

Love is composed of a single soul inhibiting two bodies.

사랑은 두 개의 육체에 깃들어 있는 하나의 영혼으로 이루어져 있다.

Aristotle(철학자)

I 인생　경험

We all have a few failures under our belt. It's what makes us ready for success.

우리 모두 살면서 몇 번의 실패를 겪는다. 이것이 바로 우리를 성공할 수 있도록 준비시킨다.

Randy K. Milholland(작가)

To not know you and live for 100 years, I would rather know you and die now.

100년 동안 당신을 모르고 사는 것보다
당신을 알고 차라리 지금 죽는 게 나아요.

Pocahontas(영화)

Never confuse a single defeat with a final defeat.

한번 졌다고 영원히 진 것은 아니다.

F. Scott Fitzgerald(소설가)

365 | 278

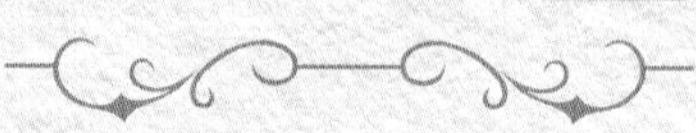

Ⅱ 인간 | 관계

You are the reason I am.

당신은
내가 존재하는 이유입니다.

A Beautiful Mind(영화)

365 | 089

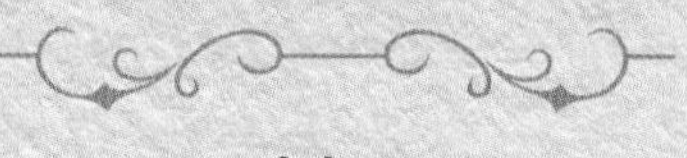

I 인생 | 경험

A minute's success pays the failure of years.

단 1분의 성공은 몇 년 동안의 실패를 보장한다.

Robert Browning(시인)

If you want to know what a man's like, take a good look at how he treats his inferiors, not his equals.

그 사람이 어떤 사람인지 알고 싶다면
그와 동등한 사람들이 아닌
약자를 어떻게 대하는지를 유심히 봐.

Harry Potter(소설)

I 인생 | 경험

You cannot acquire experience by making experiments. You cannot create experience. You must undergo it.

실험을 통해 경험을 얻을 수 없다. 경험은 창조해내는 것이 아니다.
그것을 겪어내는 것이다.

Albert Camus(작가)

365 | 276

Ⅱ 인간 | 관계

Parting is such sweet sorrow, that I shall say good night till it be tomorrow.

작별은 이처럼 달콤한 슬픔이기에 날이 샐 때까지 안녕을 말하고 있는 거예요.

Romeo and Juliet(비극)

365 | 091

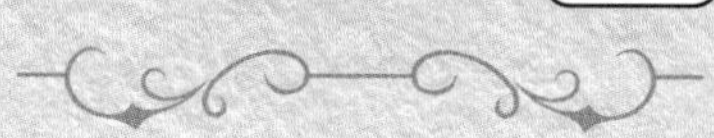

Ⅰ 인생 | 경험

In youth we learn, in age we understand.

우리는 젊을 때 배우고
나이가 들어서 이해한다.

Marie Ebner von Eschenbach(작가)

Ⅱ 인간 | 관계

You can't lose something you never had.

가져본 적이 있어야, 잃을 수도 있는 거야.

How To Lose A Guy In 10 Days(영화)

I 인생 | 방향/교훈

First you take a drink, then the drink takes a drink, then the drink takes you.

처음에는 네가 술을 마시고,
다음에는 술이 술을 마시고, 다음에는 술이 너를 마신다.

F. Scott Fitzgerald(작가)

The greatest thing
you'll ever learn is just to love
and be loved in return.

우리 삶에서 가장 위대한 일은 누군가를 사랑하고 또 사랑을 받는 것이다.

Moulin Rouge(영화)

365 | 093

I 인생 | 방향/교훈

Riches are for spending.

부(富)는 쓰기 위한 것이다.

Francis Bacon(작가)

It's awful not to be loved; it's the worst thing in the world.

사랑받지 못한다는 것은 이 세상에서 가장 괴로운 것이다.

East of Eden(영화)

365 | 094

I 인생 | 방향/교훈

Nothing is more despicable than respect based on fear.

두려움 때문에 갖는 존경심만큼 비열한 것은 없다.

Albert Camus(작가)

Love means never having to say you're sorry.

사랑이란 결코 미안하다는 말을 해서는 안 되는 거예요.

Love Story(영화)

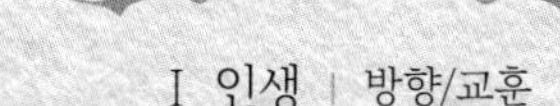

Silence is the most perfect expression of scorn.

침묵은 경멸을 나타내는 가장 완벽한 표현이다.

George Bernard Shaw(작가)

Marriage without love is not marriage.

사랑이 없는 결혼은 결혼이 아니다.

Leo Nikolayevich Tolstoy(작가)

365| **096** 

I 인생 | 방향/교훈

Manners maketh the man.

매너가 사람을 만든다.

The King's Man(영화)

Ⅱ 인간 | 관계

The magic of first love is our ignorance that it can ever end.

첫사랑이 신비로운 것은 우리가 그것이 끝날 수 있다는 것을 모르기 때문이다.

Benjamin Disraeli(정치인)

365 | 097

I 인생 | 방향/교훈

Success has nothing to do with perfection.

성공은 완벽과는 아무런 상관이 없어요.

Michelle Obama(전 영부인, 변호사)

II 인간 | 관계

Intense love does not measure, it just gives.

강렬한 사랑은 판단하지 않는다.
주기만 할 뿐이다.

Mother Teresa(수녀)

Ⅰ 인생 | 방향/교훈

The answer is dreams. Dream on and on.
Entering the world of dreams
and never come out. Live in dreams
for the rest of time.

정답은 꿈이다. 꿈을 계속 꾸어라. 꿈의 세계에 들어가서 나오지 말아라.
남은 시간 동안 꿈속에서 살아라.

Murakami Haruki(작가)

Love looks not with the eyes, but with the mind, and therefore is winged Cupid painted blind.

사랑은 눈이 아니라 마음으로 보는 것,
그래서 날개 달린 사랑의 천사 큐피드는 장님으로 그려져 있는 거지.

A Midsummer Night's Dream(영화)

I 인생 | 방향/교훈

Prejudice prevents me from loving others, pride makes no one else love me.

편견은 내가 다른 사람을 사랑하지 못하게 하고,
오만은 다른 사람이 나를 사랑할 수 없게 만든다.

Pride & Prejudice(소설)

365 | 267

Ⅱ 인간 | 관계

Love does not consist in gazing at each other, but in looking together in the same direction.

사랑은 두 사람이 마주 보는 것이 아니라 함께 같은 방향을 바라보는 것이다.

Antoine de Saint-Exupery(작가)

I 인생 | 방향/교훈

Heaven and earth do not act from any wish to be benevolent.

하늘과 땅은 인자하지 않다.

Lao Tzu(사상가)

You love a man and wish him to live; you hate him and wish him to die.

사랑할 때에는 그 사람이 살기를 바라다가 미워할 때에는 그 사람이 죽기를 바란다.
(사랑은 사람을 살리고, 미움은 사람을 죽인다.)

Confucius(사상가)

I 인생 | 방향/교훈

The rich invest in time, the poor invest in money.

부유한 사람들은 시간에 투자하며, 가난한 사람들은 돈에 투자한다.

Warren Buffet(사업가)

To the world you may be one person, but to one person you may be the world.

이 세상에게 당신은 그저 그런 한 사람이겠지만,
어떤 한 사람에게 당신은 세상 전부일지 모릅니다.

Brandi Snyder(작가)

365 | **102**

I 인생 | 방향/교훈

The key of success in any field is a matter of practicing a specific task for a total of 10,000 hours.

어떤 분야에서든 성공하려면 10,000시간을 연습하면 된다.

Malcolm Gladwell(강연가)

II 인간 | 관계

I don't have time to worry about who doesn't like me. I'm too busy loving the people who love me.

누가 날 싫어하는지 걱정할 시간이 없어.
나는 나를 사랑하는 사람들을 사랑하느라 너무 바빠.

Peanuts(만화)

Ⅰ 인생 | 방향/교훈

Always bear in mind that your own resolution to succeed is more important than any one thing.

성공하겠다는 너 자신의 결심이 다른 어떤 것보다 중요하다는 것을 늘 명심하라.

Abraham Lincoln(정치인)

365 | 263

II 인간 | 관계

The ones that love us never really leave us. And you can always find them, in here.

사랑하는 사람은 이별하지 않아.
늘 곁에서 찾을 수 있어.

Harry Potter(소설)

I 인생 | 방향/교훈

All you have in business is your reputation-so it's very important that you keep your effort.

비즈니스에서 가장 중요한 것은 평판이다.
그래서 본인의 약속을 지키는 것이 대단히 중요하다.

Sir Richard Branson(사업가)

Ⅱ 인간 | 관계

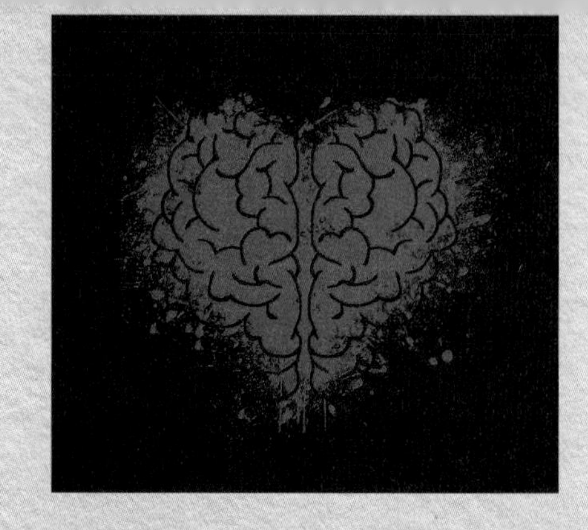

Immature love says,

"I love you because I need you.";

mature love says,

"I need you because I love you."

미숙한 사랑은 '당신이 필요해서 당신을 사랑한다.'라고 하지만
성숙한 사랑은 '당신을 사랑하니까 당신이 필요하다.'라고 말을 합니다.

Erich Fromm(철학자)

365 | **105** 

I 인생 | 방향/교훈

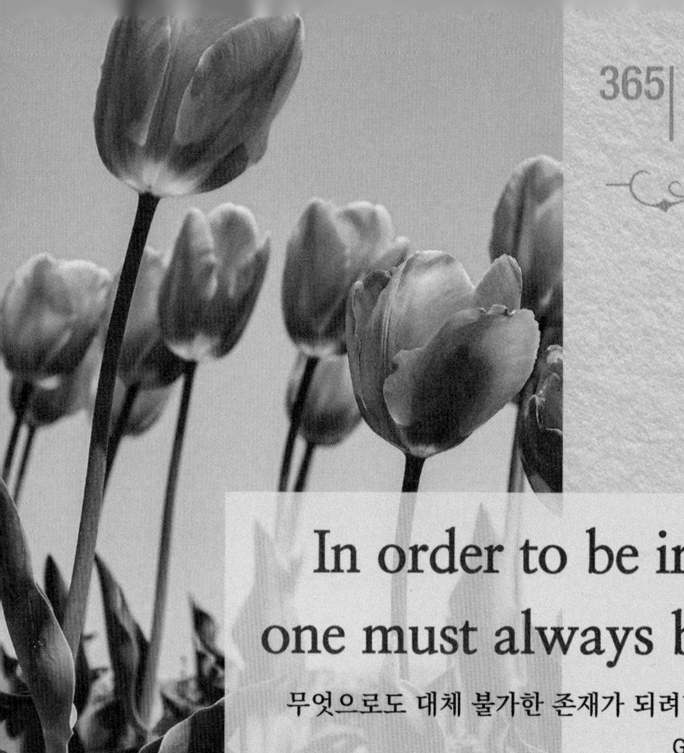

In order to be irreplaceable one must always be different.

무엇으로도 대체 불가한 존재가 되려면 언제나 남달라야 한다.

Gabriel Coco Chanel (디자이너)

365 | **261**

Ⅱ 인간 | 관계

It's the friends you can call up at four a.m. that matter.

새벽 4시에 전화를 걸 수 있는 친구라면 중요한 친구이다.

Marlene Dietrich(배우)

365 | 106

I 인생 | 방향/교훈

Making comparisons can spoil your happiness.

다른 사람과 비교하는 건 자신의 행복을 망친다.

Hector and the Search for Happiness(영화)

365 | 260

Ⅱ 인간 | 관계

The world is like a mirror you look at. Smile and your friends smile back.

이 세상은 거울과 같다. 당신이 웃으면, 친구도 당신에게 웃어준다.

일본 속담

Ⅰ 인생 | 방향/교훈

A goal without a plan is just a wish.

계획 없는 목표는 한낱 꿈에 불과하다.

Antoine Marie Roger De Saint Exupery(작가)

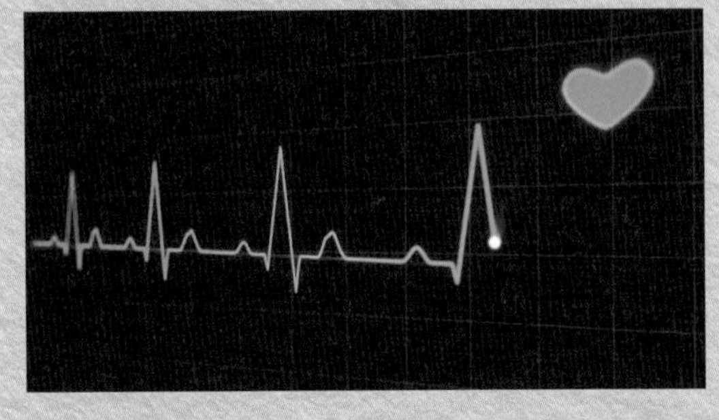

People love what other people are passionate about. You remind people of what they've forgotten.

사람들은 다른 사람들의 열정에 끌리게 되어 있어. 자신이 잊은 걸 상기시켜 주니까.

La La Land(영화)

Success is not the position you stand, but the direction in which you look.

성공은 당신이 서있는 위치가 아니라 당신이 바라보는 방향이다.

George Bernard Shaw(작가)

The master said, 'When I walk along with two others, they may serve me as my teacher. I will select their good qualities and follow them, their bad qualities and avoid them.

세 사람이 길을 가면 그 가운데 반드시 나의 스승이 있으니
그 사람의 좋은 점은 본받고 나쁜 점은 버려라.

Confucian Analects(논어)

365 | 109

I 인생 | 방향/교훈

Who controls the past controls the future: who controls the present controls the past.

과거를 지배하는 자가 미래를 지배하며
현재를 지배하는 자가 과거를 지배한다.

George Orwell(작가)

Ⅱ 인간 | 관계

Wine comes in at the mouth
and love comes
in at the eye;

술은 입으로 흐르고,
사랑은 눈으로 흐른다.

Drinking Song, William Butler Yeats(시인)

365 | 110

I 인생 | 방향/교훈

Everything has a beginning.

모든 일은 시작이 있다.

Geoffrey Chaucer(작가)

Ⅱ 인간 | 관계

A friend in power is a friend lost.

힘 있을 때 친구는 친구가 아니다.

Henry Adams(작가)

I 인생 | 방향/교훈

Everything in your world is created by what you think.

세상 모든 일은 여러분이 무엇을 생각하느냐에 따라 일어납니다.

Oprah Gail Winfrey(방송인)

Great power always comes with great responsibility.

강한 힘에는 그만큼의 책임이 따른다.

Spider-Man(영화)

365 | 112

I 인생 | 방향/교훈

I want to enjoy things and have fun and live like every day is the last day.

나는 모든 것을 즐기고 싶다.
그리고 하루하루가 인생의 마지막 날인 것처럼 유쾌하게 살고 싶다.

The Last Time I Saw Paris(영화)

Ⅱ 인간 | 정서/태도

It's better to offer no excuse than a bad one.

나쁜 변명을 하느니 차라리
변명하지 않는 것이 훨씬 더 낫다.

George Washington(정치인)

If it's not fun, why do it?

I 인생 | 방향/교훈

재미가 없다면 왜 그걸 하고 있는가?

Jerry Greenfield(사업가)

You can delay but you can't deny.

늦출 수는 있지만 부정할 수는 없습니다.

Tyron Woodley(이종격투기 선수)

365 | 114

I 인생 | 방향/교훈

If you want to be happy for a year, plant a garden; if you want to be happy for life, plant a tree.

1년간의 행복을 위해서는 정원을 가꾸고, 평생의 행복을 원한다면 나무를 심어라.

English Proverb(영국 속담)

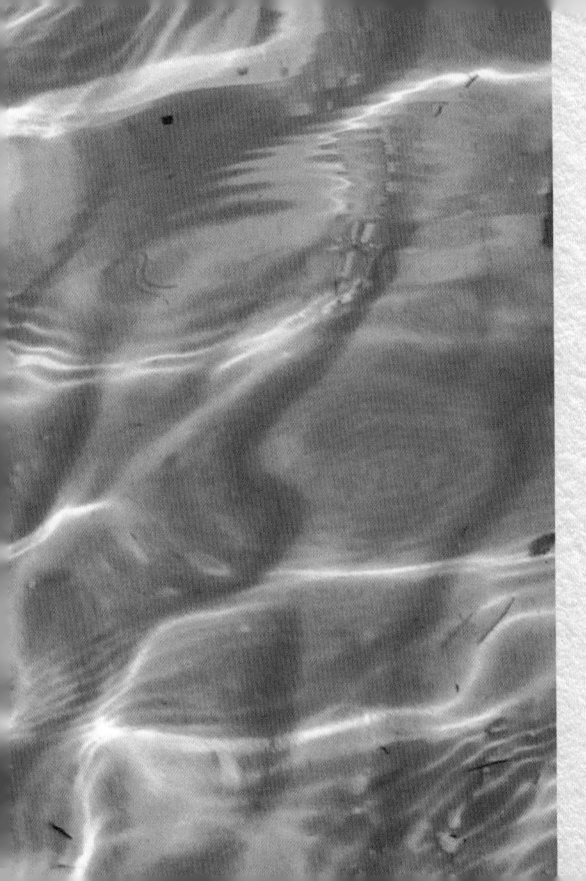

Just play. Have fun. Enjoy the game.

그저 경기에 임해라.
즐거움을 느끼고,
경기를 즐겨라.

Michael Jordan(농구선수)

I 인생 | 방향/교훈

Dreams come true. Without that possibility, nature would not incite us to have them.

꿈은 이루어진다. 이루어질 가능성이 없었다면
애초에 자연이 우리를 꿈꾸게 하지도 않았을 것이다.

John Updike(소설가)

dream a little

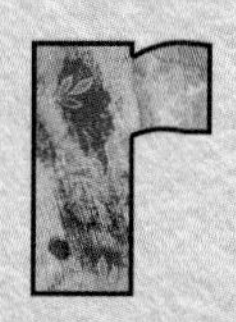
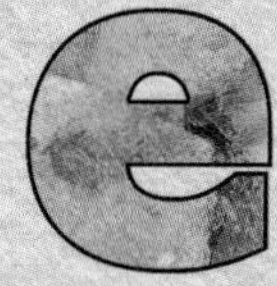

365 | 251 

Ⅱ 인간 | 정서/태도

If opportunity doesn't knock, build a door.

기회가 문을 두들겨주지 않는다면,
문을 만들어라.

Milton Berle(배우)

I 인생 | 방향/교훈

I'm gonna live every minute of it.

나는 매 순간을 꽉 쥐게 느끼며 살아갈 거예요.

Soul(영화)

Our bodies are our gardens to which our wills are gardeners.

우리의 몸은 정원이요, 우리의 의지는 정원사다.

William Shakespeare(극작가)

365 | 117

I 인생 | 방향/교훈

I don't want to survive. I want to live.

난 살아남고 싶은 것이 아니라,
삶을 살고 싶어.

12 Years a Slave(영화)

II 인간 | 정서/태도

Three o'clock is always too early for anything you want to do.

3시는 하고 싶은 일을 시작하기에는 언제나 너무 이른 때이다.

Jean-Paul Sartre(철학자)

Sometimes the right path is not the easiest one.

I 인생 | 방향/교훈

때로는 올바른 길이 가장 쉬운 길은 아니야.

Pocahontas(영화)

365 | 248

Ⅱ 인간 | 정서/태도

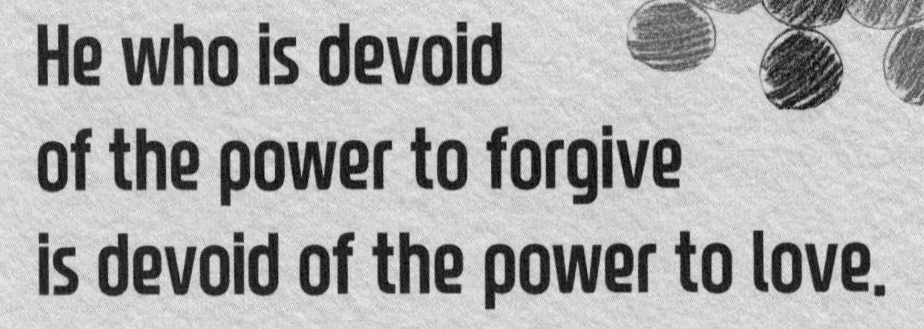

He who is devoid of the power to forgive is devoid of the power to love.

용서하는 힘이 결여된 사람은, 사랑하는 힘도 결여되어 있다.

Martin Luther King, Jr(인권운동가)

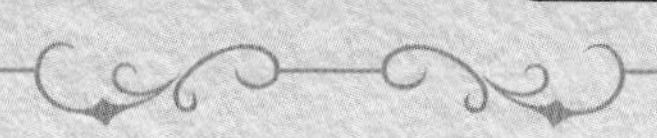

Ⅰ 인생 | 방향/교훈

Why be a man when you can be a success?

성공한 사람이 될 수 있는데
왜 평범한 이에 머무르려고 하는가?

Bertolt Brecht(작가)

Ⅱ 인간 | 정서/태도

You've got this. Most of the time, the challenges you face are those you were already built to handle.

넌 할 수 있어. 대부분의 경우 사람들이 직면하는 어려움은 개인이 다룰 수 있도록 만들어진 것들이야.

Gladiator(영화)

365 | 120

I 인생 | 방향/교훈

We cannot be sure of having something to live for unless we are willing to die for it.

뭔가를 위해 목숨을 버릴 각오가 되어 있지 않다면
그것이 삶의 목표라고 확신할 수 없습니다.

Ernesto Che Guevara(혁명가)

A real loser is somebody that's so afraid of not winning. They don't even try.

진정한 패자는 이기지 못하는 것을 두려워하는 사람이야. 그들은 노력해 보지도 않지.

Little Miss Sunshine(영화)

Start wide, expand farther, and never look back.

Ⅰ 인생 | 방향/교훈

넓게 시작하고, 더 넓히고, 절대 뒤돌아보지 마십시오.

Arnold Schwarzenegger(배우)

You know, sometimes all you need is twenty seconds of insane courage. Just literally seconds of just embarrassing bravery and I promise you, something great will come of it.

때로 미친 척하고 딱 20초만 용기를 내볼 필요가 있어. 정말 딱 20초만 창피해도 용기를 한번 내봐. 그럼 너에겐 정말로 멋진 일이 생길 거야.

We Bought A Zoo(영화)

I 인생 | 방향/교훈

It's our instinct to chase what's getting away, and to run away from what's chasing us.

도망가는 것을 쫓는 것과 우리를 쫓는 것으로부터
도망가려는 것은 우리의 본능이다.

The Great Gatsby(소설)

365 | 244

Ⅱ 인간 | 정서/태도

Only those who will risk going too far can possibly find out how far one can go.

너무 멀리 갈 위험을 감수하는 자만이 얼마나 멀리 갈 수 있는지 알 수 있다.

Thomas Stearns Eliot(작가)

Dream as if you'll live forever, live as if you'll die today.

영원히 살 것처럼 꿈꾸되, 오늘 죽을 각오로 살아라.

James Dean(배우)

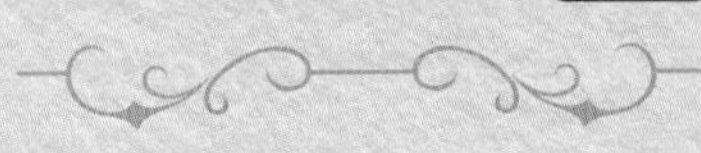

The only thing we have to fear is fear itself.

우리가 유일하게 두려워해야 할 것은 두려움 그 자체이다.

Franklin Roosevelt(정치인)

365 | **124**

I 인생 | 방향/교훈

Only your choice in your life is the answer.

너의 삶은 너의 선택만이 정답이야.

Goblin(한국 드라마)

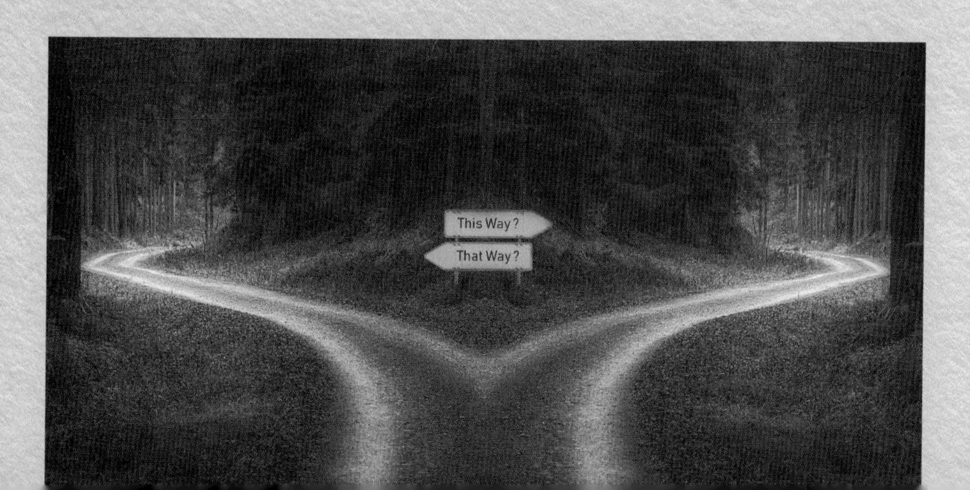

Ⅱ 인간 | 정서/태도

If you think you can win, you can win. Faith is necessary to victory.

이길 수 있다고 생각하면 이길 수 있다.
승리에는 신념이 필요하다.

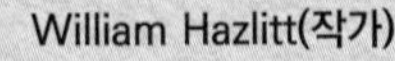

I 인생 | 방향/교훈

We should all start to live before we get too old. Fear is stupid. So are regrets.

우리는 너무 늙기 전에 우리의 삶을 시작해야 한다.
두려움은 멍청한 감정이다. 후회 또한 그렇다.

Marilyn Monroe(배우)

365 | 241

Great deeds are usually wrought at great risks.

Ⅱ 인간 | 정서/태도

위대한 업적은 대개 커다란 위험을 감수한 결과이다.

Herodotos(역사가)

Ⅰ 인생 | 방향/교훈

It has never been
my object to record my dreams.
Just to realize them.

꿈을 기록하는 것이 나의 목표였던 적은 없다. 꿈을 실현하는 것이 나의 목표다.

Man Ray(사진작가)

Not to advance is to recede.

앞으로 나아가지 않는 것은 물러나는 것이다.

라틴 속담

365 | 127

I 인생 | 방향/교훈

I just try to live every day as if I've deliberately come back to this one day.

매일 매일을 일부러 이 날을 살기 위해 돌아온 것처럼 살려고 합니다.

About Time(영화)

II 인간 | 정서/태도

If a man will begin with certainties, he shall end in doubt; but if he will be content to begin with doubts, he shall end in certainties.

확신을 가지고 시작하는 사람은 회의로 끝날 것이고,
의심을 하며 시작하는 사람은 확신으로 끝난다.

Francis Bacon(철학자)

365 | 128 

I 인생 | 방향/교훈

Only I can change my life.
No one can do it for me.

나만이 내 인생을 바꿀 수 있다. 아무도 날 대신해줄 수 없다.

Carol Burnett(배우)

Ⅱ 인간 | 정서/태도

Don't hate what you don't understand.

네가 이해하지 못하는 존재를 미워하지 말아라.

John Lennon(가수)

I 인생 | 방향/교훈

Never let your memories be greater than your dreams.

과거에 만족하지 말고 꿈을 더 크게 가져라.

Douglas Ivester(기업인)

Risk comes from not knowing what you're doing.

위험은 자신이 무엇을 하는지 모르는 데서 온다.

Warren Buffett(사업가)

365 | 130

I 인생 | 방향/교훈

Every exit is an entry somewhere.

모든 출구는 어디론가 향하는 입구이다.

Tom Stoppard(작가)

365 | **236**

Ⅱ 인간 | 정서/태도

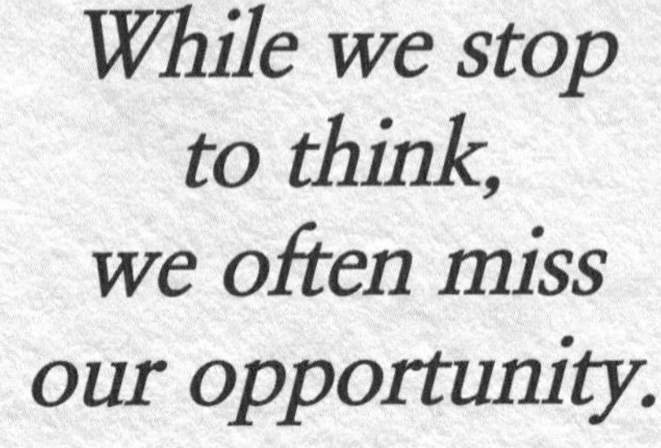

While we stop to think, we often miss our opportunity.

신중하지 않으면
찾아온 기회를 놓치기 일쑤이다.

Publilius Syrus(작가)

I 인생 | 방향/교훈

It is in the moment of decisions that your destiny is shaped.

당신의 운명이 결정되는 건 결심하는 그 순간이다.

Anthony Robbins(작가)

365 | 235

Ⅱ 인간 | 정서/태도

A good decision is based on knowledge and not on numbers.

좋은 결정이란 지식에 기반한 것이지 숫자에 기반한 것은 아니다.

Plato(철학자)

365 | 132

I 인생 | 방향/교훈

What you need more than anything in life is a definite position.

당신이 인생에서 어떤 것보다
더 필요한 것은 분명한 입장이다.

Crime and Punishment(소설)

365 | **234**

Ⅱ 인간 | 정서/태도

The only way you're gonna survive is to do what you think is right.

스스로가 옳다고 믿는 일을 하는 것이 삶을 살아가는 유일한 방법이다.

Saturday Night Fever(영화)

I 인생 | 방향/교훈

A person who draws a dream for a long time finally resembles that dream.

오랫동안 꿈을 그리는 사람은 마침내 그 꿈을 닮아간다.

Andre Malraux(작가)

365 | 233

Ⅱ 인간 | 정서/태도

Only the person who has faith in himself is able to be faithful to others.

스스로를 신뢰하는 사람만이
다른 사람들에게 성실할 수 있다.

Erich Fromm(작가)

365| 134

I 인생 | 방향/교훈

I don't think of the past. The only thing that matters is the everlasting present.

나는 과거를 생각하지 않습니다. 중요한 것은 끝없는 현재뿐이지요.

William Somerset Maugham(작가)

365 | 232

Ⅱ 인간 | 정서/태도

Like a welcome summer rain, humor may suddenly cleanse and cool the earth, the air and you.

반가운 여름 비처럼 유머는 순식간에
당신과 대지, 공기를 정화시키고 시원하게 할 수도 있지.

Langston Hughes(작가)

Man with all his noble qualities, with his godlike intellect which has penetrated into the movements and constitution of the solar system still bears in his bodily frame the indelible stamp of his lowly origin.

인간은 고상한 품격을 갖고 신과 같은 지성으로 태양계의 움직임과 구성을 간파하였음에도 불구하고 그 몸 속에는 아직도 지울 수 없는 미천한 근본의 흔적을 지니고 있다.

Charles Darwin(과학자)

A day without laughter is a day wasted.

웃음이 없는 날은 헛되이 보낸 날이다.

Charlie Chaplin(배우)

365 | 136

Ⅱ 인간 | 특징/사고

No man is an island, entire of itself; every man is a piece of the continent.

어떤 사람도 섬이 아니다. 홀로 온전한 모든 사람은 대륙의 한 조각이다.

For whom the Bell Tolls(시), John Donne(시인)

230

Ⅱ 인간 정서/태도

Humor is mankind's greatest blessing.

유머는 인류의 가장 큰 축복이다.

Mark Twain(작가)

Ⅱ 인간 | 특징/사고

Desire is the essence of a man.

욕망은 인간의 본질이다.

Baruch Spinoza(철학자)

Ⅱ 인간 | 정서/태도

A person without a sense of humor is like a wagon without springs. It's jolted by every pebble on the road.

유머 감각이 없는 사람은 스프링 없는 마차와 같아서 자갈길을 덜컹거린다.

Henry ward Beecher(작가)

Ⅱ 인간 | 특징/사고

In spite of everything, I still believe that people are really good at heart.

모든 것이 불리하게 돌아가지만,
난 사람들의 마음은 아직까지 선한 것이라고 믿고 있다.

The Diary of Anne Frank(영화)

365| 228 

Ⅱ 인간 | 정서/태도

Smiling is definitely one of the best beauty remedies.

웃음은 최고의 미용요법이다.

Rashida Jones(배우)

II 인간 | 특징/사고

Man is no more than a reed, the weakest in nature. But he is a thinking reed.

인간은 자연에서 가장 약한 갈대에 불과하다. 그러나 생각하는 갈대이다.

Blaise Pascal(수학자)

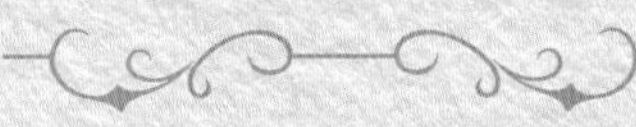

A sense of humor is part of the art of leadership, of getting along with people, of getting things done.

유머 감각은 리더십,
사람과의 교류, 일을 수행해내는
예술적 기술의 한 부분이다.

Dwight D. Eisenhower(정치인)

365
140
No man is born wise.
태어나면서부터 현명한 이는 없다.
Miguel de Cervantes(작가)
Ⅱ 인간 | 특징/사고

Ⅱ 인간 | 정서/태도

The first ingredient in conversation is truth, the next good sense, the third good humor, and the fourth wit.

대화의 첫 번째 요소는 진실성, 다음은 센스, 세 번째는 멋진 유머, 네 번째는 재치이다.

William Temple(종교 철학가)

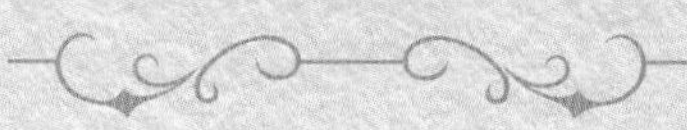

To know is nothing at all; to imagine is everything.

안다는 것은 전혀 중요하지 않다;
상상하는 것이 가장 중요하다.

Anatole France(작가)

He that is discontented in one place will seldom be happy in another.

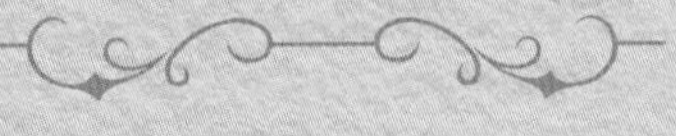

한 곳에서 불만인 사람이 다른 곳에서 행복하지는 않는다.

Aesop(작가)

Ⅱ 인간 | 특징/사고

Imagination is the beginning of creation.

상상력은 창조의 시발점이다.

George Bernard Shaw(극작가)

Sometimes it's comforting to be poor.
If you're full of amazing things,
there is nothing to imagine.

가난하다는 게 위안이 될 때도 있어요.
멋진 것들로 가득 차 있으면 상상할 여지가 하나도 없으니까요.

Anne of Green Gables(소설), Lucy Maud Montgomery

365 | 143 

Ⅱ 인간 | 특징/사고

Everything you can imagine is real.

네가 상상할 수 있는 모든 것은 현실이다.

Pablo Picasso(화가)

365 | 223

Ⅱ 인간 | 정서/태도

I have nothing to lose but something to gain.

나는 얻을 것만 있지 잃을 것은 없다.

Eminem(가수)

Ideas don't come out fully formed.

아이디어는 처음부터
완전한 형태로 떠오르지 않는다.

Mark Zuckerberg(사업가)

365 222
II 인간 | 정서/태도
Remember you're the one who can fill the world with sunshine.
당신은 이 세상을 햇살로
가득 채울 수 있는
사람이란 걸 기억하세요.
Snow White(영화)

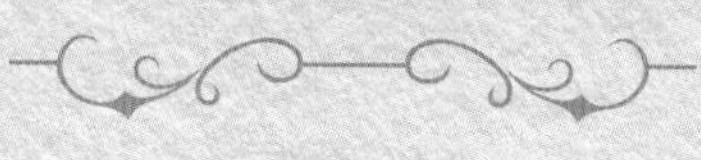

Ⅱ 인간 | 행동

Action is the foundational key to all success.

행동이 모든 성공에서의 기본적인 열쇠이다.

Pablo Picasso(화가)

Ⅱ 인간 | 정서/태도

Don't sink under your pain.

고통에 빠져도 침몰하지 말라.

Joanne Kathleen Rowling(작가)

The biggest risk in life is not taking one.

가장 위험한 도전은 도전하지 않는 것이다.

서양 속담

Ⅱ 인간 | 정서/태도

The optimist sees the rose and not its thorns; the pessimist stares at the thorns, oblivious of the rose.

낙관주의자는 가시가 있는 장미에서 장미를 보지만,
비관주의자는 장미는 인지하지 못한 채 가시만 본다.

Kahlil Gibran(작가)

Ⅱ 인간 | 행동

Tell me what you eat, and I will tell you what you are.

무엇을 먹는지 말하라. 그러면 당신이 어떤 사람인지 말해주겠다.

Anthelme Brillat-Savarin(법률가)

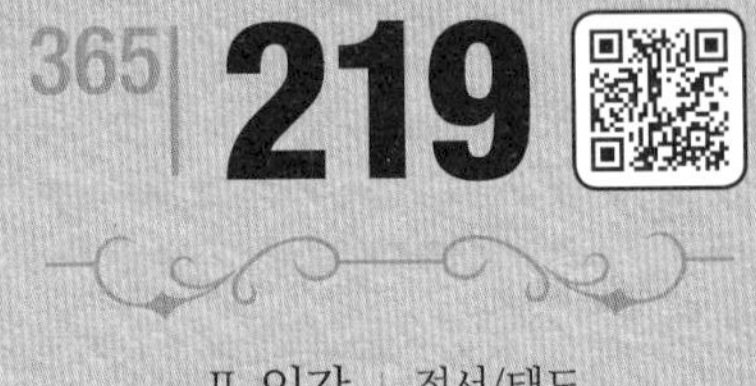

Only when the last tree has died and the last river been poisoned and the last fish been caught will we realize we cannot eat money.

우리는 마지막 나무가 죽고 없어지고 나서야, 마지막 강물이 오염되고 나서야, 마지막 물고기를 잡고 나서야 우리가 돈을 먹고 살 수 없음을 깨달을 수 있다.

크리(Cree)족 인디언들의 명언

Ⅱ 인간 | 행동

True courage is in facing danger when you are afraid.

진정한 용기는 두려울 때 위험에 직면하는 것이야.

The Wonderful Wizard of OZ(영화)

365 | **218**

Ⅱ 인간 | 정서/태도

We are all visitors to this time, this place. We are just passing through. Our purpose here is to observe, to learn, to grow, to love. And then we return home.

우리 모두는 이 시간과 이곳을 방문한 손님이다.
우리는 단지 지나가는 중일 뿐이며, 우리가 이곳에 있는 이유는 관찰하고 배우고 성장하며 사랑하기 위함이며 그리고, 결국 우리는 집으로 돌아가게 된다.

오스트레일리안 원주민들의 명언

365| 149

Ⅱ 인간 | 행동

The great healing therapy is friendship and love.

최고의 치유 요법은 우정과 사랑이다.

Hubert H. Humphrey(정치인)

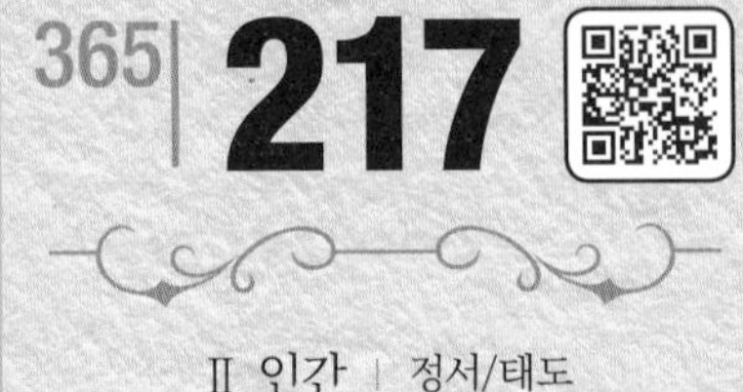

Believe in yourself! Have faith in your abilities! Without a humble but reasonable confidence in your own powers you cannot be successful or happy.

자신을 믿어라! 자신의 능력을 신뢰하라! 겸손하지만 합리적인 자신감을 갖지 않고서는 성공할 수도 행복할 수도 없다.

Norman Vincent Peale(목사, 작가)

All we have to decide is what to do with the time that is given to us.

우리가 결정해야 할 유일한 것은 우리에게 주어지는 시간으로
무엇을 해야 할 것인가이다.

The Lord of the Rings(영화)

Expect nothing, live frugally on surprise.

아무것도 기대하지 말고 모든 것에
놀라워하면서 검소하게 살아라.

Alice Walker(소설가)

Ⅱ 인간 | 행동

It's your choices, not chances, that determine your destiny.

우연이 아닌 선택이 운명을 결정한다.

Jean Nidetch(작가)

365 | 215

Ⅱ 인간 | 정서/태도

If you buy unnecessary things, you sell what you need.

불필요한 것을 사면, 필요한 것을 팔게 된다.

Benjamin Franklin(정치인)

Ⅱ 인간 | 행동

A week really isn't long when you plan out all the things you want to do.

네가 하고 싶은 것들로 계획을 세우면
일주일은 그렇게 길지 않을 거야.

Anne of Green Gables(소설), Lucy Maud Montgomery

Ⅱ 인간 | 정서/태도

A frugal saving is a great income.

검소한 절약은 훌륭한 소득이다.

Desiderius Erasmus(인문학자)

Setting goals is the first step in turning the invisible into the visible.

목표를 정하는 것은 보이지 않는 것을 보이게 하는 첫 번째 단계이다.

Tony Robbins(작가)

Ⅱ 인간 | 정서/태도

When you arise
in the morning, think of
what a precious privilege
it is to be alive–to breathe,
to think, to enjoy, to love.

아침에 일어날 때 살아있음이 얼마나 소중한 특권인지를 생각해요.
숨 쉬고, 생각하고, 즐기고, 사랑하는 자체가
얼마나 귀중한 특권인지를.

Marcus Aurelius(로마의 황제)

Ⅱ 인간 | 행동

When you do decide to try it, it won't be any good. You should take a chance. You got nothing to lose.

결과가 좋지 않을 수도 있어요. 도전해 보세요. 잃을 건 없어요.

Home Alone(영화)

365| **212** 

Ⅱ 인간 | 정서/태도

Listen,
everyone is entitled to my opinion.

귀 기울여라. 누구나 나의 의견을 들을 권리가 있다.

Madonna(가수)

Even though it may seem silly or wrong, you must try.

그렇게 하는 것이 바보 같고 잘못된 것처럼 보이더라도, 시도해 봐야 돼.

Dead Poets Society(영화)

What makes life dreary is the want of a motive.

인생을 따분하게 하는 것은 동기의 결핍이다.

T.S. Eliot(시인, 작가)

365 | 156

Ⅱ 인간 | 행동

What we have to do is to be forever curiously testing new opinions and courting new impressions.

우리가 해야 하는 일은 끊임없이 호기심을 가지고 새로운 방법을 시도하고 새로운 인상을 받는 것이다.

Walter Pater(작가)

If you intend to die, you will be alive. But if you intend to live, you will die.

무릇 죽기를 각오하면 살고, 살려고 하면 죽을 것이다.

Yi Sun-shin(조선시대 장군)

Ⅱ 인간 | 행동

We must use time as a tool, not as a crutch.

우리는 시간을 도구로 사용할 뿐 의존해서는 안 된다.

John F. Kennedy(정치인)

Ⅱ 인간 | 정서/태도

Wishing not to have a piece of shame toward heaven till the day of my death.

죽는 날까지 하늘을 우러러
한 점 부끄럼 없기를

서시, Yun Dong-Ju
(시인, 독립운동가)

Is that impossible? Have you ever tried it?

불가능하다고? 해보기는 했어?

Jeong Ju-Yung(사업가)

Ⅱ 인간 | 정서/태도

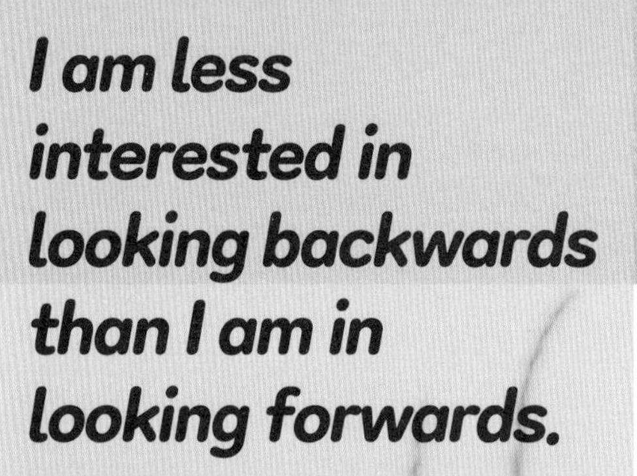

I am less interested in looking backwards than I am in looking forwards.

나는 뒤를 돌아보기보다 앞을 내다보는 것에 관심이 있다.

Barack Obama(정치인)

If you're never scared or embarrassed or hurt, it means you never take any chances.

만약 당신이 한 번도 두렵거나 굴욕적이거나 상처 입은 적이 없다면,
당신은 아무런 위험도 감수하지 않은 것이다.

Julia Sorel(배우)

Ⅱ 인간 | 정서/태도

I love what I do.
I take great pride in what I do.

나는 내가 하는 일을 사랑한다. 내 일에 자부심을 느낀다.

Tom Cruise(영화배우)

Ⅱ 인간 | 행동

Accept challenges, so that you may feel the exhilaration of victory.

도전을 받아들여라.
그러면 승리의 쾌감을 맛볼 지도 모른다.

George S. Patton(군인)

Ⅱ 인간 | 정서/태도

Fine words and an insinuating appearance are seldom associated with true virtue.

그럴듯하게 꾸민 달콤한 말과 부드러운 듯이 꾸민 반질한 얼굴에는 인자함이 적다.

Confucius(사상가)

Ⅱ 인간 | 행동

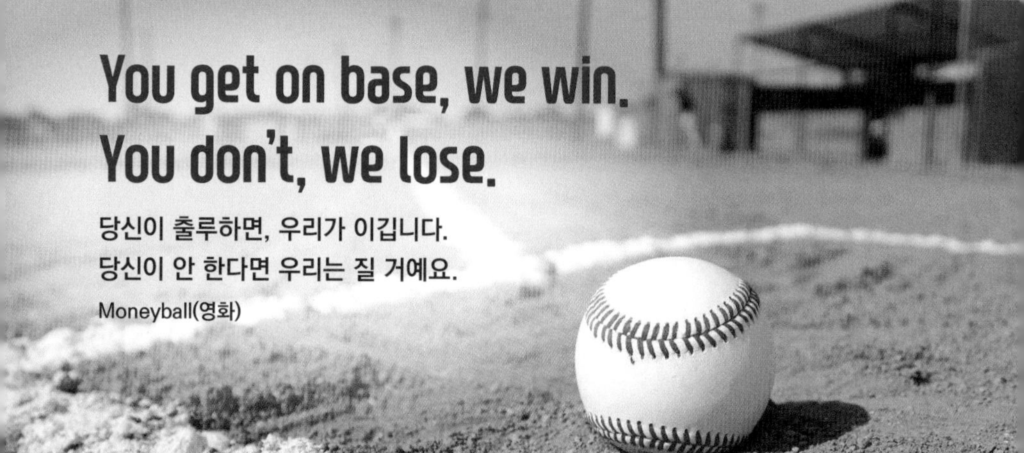

You get on base, we win. You don't, we lose.

당신이 출루하면, 우리가 이깁니다.
당신이 안 한다면 우리는 질 거예요.

Moneyball(영화)

A man is not finished when he is defeated, he is finished when he quits.

인간은 패배하였을 때 끝나는 것이 아니라 포기하였을 때 끝나는 것이다.

Richard Nixon(정치인)

Be the miracle.

직접 기적이 되어라.

Bruce Almighty(영화)

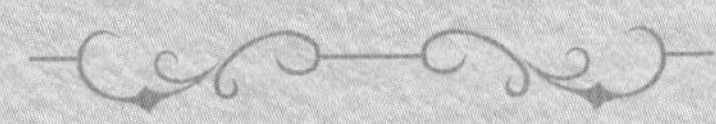

II 인간 | 정서/태도

Stay hungry, stay foolish.

항상 갈망하고 우직하게 노력하라.

Steve Jobs(사업가)

Make voyages. Attempt them. There's nothing else.

항해하라. 시도하라. 그 밖에 다른 것은 없다.

Tenessee Williams(극작가)

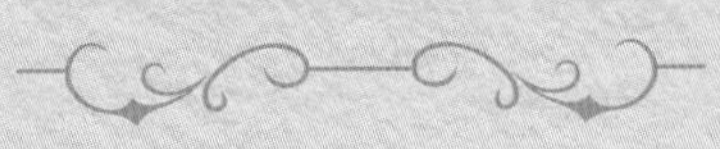

You're only a fool if you give up!

포기한다면 그냥 넌 바보야!

Aladin(영화)

365 | 164

Ⅱ 인간 | 행동

There are two ways of spreading light: to be the candle or the mirror that reflects it.

빛을 퍼뜨릴 수 있는 두 가지 방법이 있다. 촛불이 되거나 또는 그것을 비추는 거울이 되는 것이다.

Edith Wharton(작가)

Ⅱ 인간 | 정서/태도

You just can't beat the person who won't give up.

포기하지 않는 사람을 이길 수는 없다.

Babe Ruth(야구 선수)

The hardest work is to go idle.

가장 하기 힘든 일은 아무 일도 안하는 것이다.

Jewish proverb(유대인 격언)

365 | 201

Everything comes to him who hustles while he waits.

Ⅱ 인간 | 정서/태도

성공은 열심히 노력하며
기다리는 사람에게 찾아온다.

Thomas Alva Edison(발명가)

Ⅱ 인간 | 행동

Knowing is the easy part, saying it out loud is the hard part.

어려운 건 마음보다
그걸 입으로 말하는 거야.

La boum(영화)

Ⅱ 인간 | 정서/태도

It always seems impossible until it's done.

끝나기 전까지는 항상 불가능해보이기 마련이다.

Nelson Mandela(정치인)

365 | 167

Ⅱ 인간 | 행동

Well done is better than well said.

실행이 말보다 낫다.

Benjamin Franklin(정치인)

365| **199**

Ⅱ 인간 | 정서/태도

Enjoy when you can, and endure when you must.

즐길 수 있을 때 충분히 즐기고,
참아야 할 때 꾹 참아라.

Johann Wolfgang von Goethe(작가)

Whatever you do, do it well.

무엇을 하든 간에, 제대로 해라.

Walt Disney(만화 영화 제작자)

Ⅱ 인간 | 정서/태도

The richest peach is highest on the tree.

제일 잘 익은 복숭아는 제일 높은 가지에 달려 있다.

James Whitcomb Riley(작가)

365 | 169

Ⅱ 인간 | 행동

Try again.
Fail again.
Fail better.

다시 시도하라.
다시 실패하라.
더 멋지게 실패하라.

Samuel Beckett(극작가)

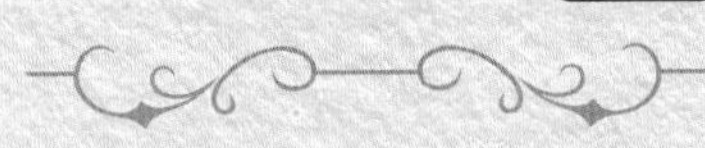

Victory belongs to the most persevering.

승리는 가장 끈기 있는 자에게 돌아간다.

Napoleon Bonaparte(프랑스 황제)

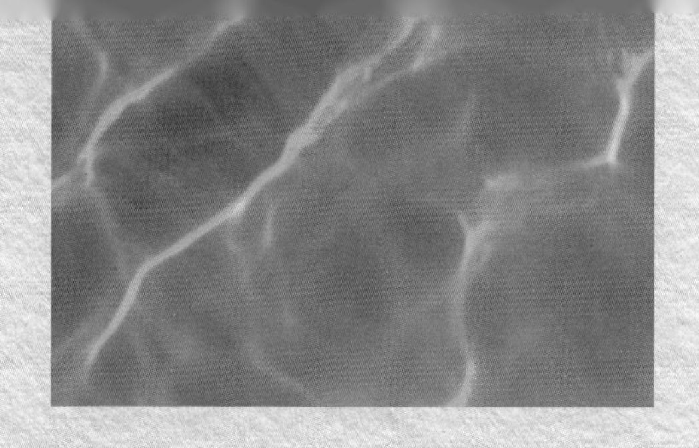

365 | 170

Ⅱ 인간 | 행동

Only in water can you learn to swim.

오직 물속에 들어가야지만 수영을 배울 수 있다.

George Moore(소설가)

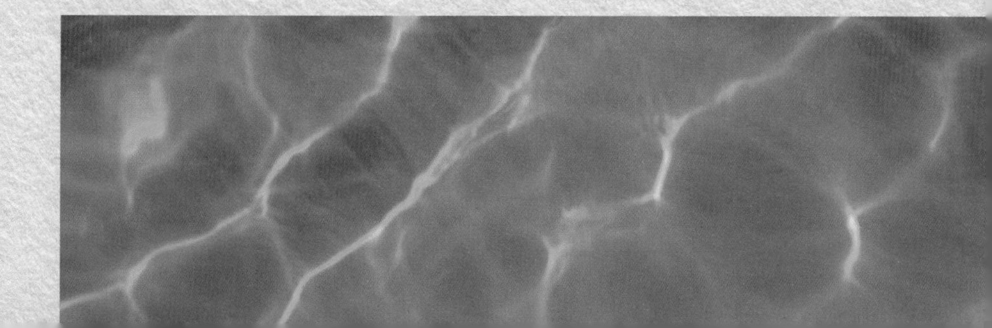

365 | 196

Ⅱ 인간 | 정서/태도

Never, never, never, never give up.

절대로 포기하지 마라.

Winston Churchill(정치인)

Every adventure requires a first step.

모든 모험은 첫발을 내딛어야 해.

Alice in Wonderland(영화)

365 | 195

Ⅱ 인간 | 정서/태도

Patience is bitter, but its fruit is sweet.

인내는 쓰지만 그 열매는 달다.

Aristotle(철학자)

365 | **172**

Ⅱ 인간 | 행동

The bird fights its way out of the egg. The egg is the world. Who would be born must first destroy a world.

새는 알에서 나오려고 투쟁한다. 알은 세계이다.
태어나려는 자는 하나의 세계를 깨뜨려야 한다.

Demian(소설), Hermann Hesse(작가)

365 | 194

Ⅱ 인간 | 정서/태도

Blaze with the fire that is never extinguished.

꺼지지 않는 불길로 타올라라.

Luisa Sigea(시인)

Ⅱ 인간 | 행동

Be still when you have nothing to say; when genuine passion moves you, say what you've got to say, and say it hot.

할 말이 없으면 말하지 말라. 순수한 열정이 샘솟으면 그때 말하라. 열정적으로 말하라.

D. H. Lawrence(작가)

Ⅱ 인간 | 정서/태도

Successful people are not gifted; they just work hard, then succeed on purpose.

성공한 사람들은 재능이 있는 것이 아닙니다.
그들은 단지 의도적으로
열심히 노력해서 성공합니다.

G. K. Nielson(작가)

Regret for wasted time is more wasted time.

낭비한 시간에 대한 후회는 더 큰 시간 낭비이다.

Mason Cooley(격언 작가)

365| 192

Ⅱ 인간 | 정서/태도

If another man succeeds by one effort, he will use a hundred efforts.

다른 사람이 한 번으로 능하게 되면 자신은 백 번을 한다.

The Doctrine of the Mean(중용)

365 | 175

Ⅱ 인간 행동

Take time to deliberate, but when the time for action has arrived, stop thinking and go in.

신중히 생각할 시간을 가져라. 그러나 행동할 때가 오면 생각을 멈추고 뛰어들어라.

Napoleon Bonapate(프랑스 황제)

365 | 191

Ⅱ 인간 | 정서/태도

Desire cheats the power.

열망이 능력을 가져온다.

Raymond Holliwell(작가)

365 | 176

Ⅱ 인간 | 행동

The secret of your future is hidden in your daily routine.

당신 미래의 비밀은 당신의 하루하루 판에 박힌 일상에 숨겨져 있다.

Mike Murdock(성직자)

There is no such thing as a great talent without great will power.

큰 의지가 없는 위대한 재능은 없다.

Honore de Balzac(작가)

365 | 177
Ⅱ 인간 | 정서/태도
The busy bee has
no time for sorrow.
바쁜 벌은 슬퍼할 시간이 없다.
William Blake(작가)

Strive for greatness.

위대함을 위해 노력하라.

Lebron James(농구선수)

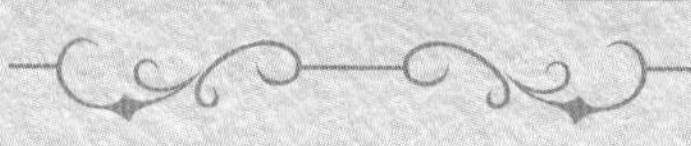

I guess, I'll have to do the best I can.

내가 할 수 있는 일은 최선을 다하겠습니다.

Rocky(영화)

Sincerity is the way of Heaven. The attainment of sincerity is the way of men.

참된 것은 하늘의 도이다. 참되려고 노력하는 것은 사람의 도이다.

The Doctrine of the Mean(중용)

Ⅱ 인간 | 정서/태도

Be not afraid of going slowly, be afraid only of standing still.

천천히 가는 것을 두려워하지 말고, 머무르고 있음을 두려워하라.

중국 속담

365 | **187**

Ⅱ 인간 | 정서/태도

I'm convinced that the only thing that kept me going was that I loved what I did.

내가 계속할 수 있었던 유일한 이유는 내가 하는 일을 사랑했기 때문이라고 확신합니다.

Steve Jobs(사업가)